युवाओं का पथप्रदर्शक

किशोरावस्था की चुनौतियों का समाधान

डॉ. मीनाक्षी बंसल

|| समस्त संसार के ज्ञान-प्रेमियों को समर्पित ||

जो सत्य की खोज में, ज्ञान की राह पर अग्रसर हैं।
जिनकी जिज्ञासा कभी थमती नहीं, और जिनका उद्देश्य केवल आत्मविकास ही
नहीं, बल्कि संसार के कल्याण का भी है—यह कृति उन सभी साधकों को सादर
अर्पित है।

क्रम-सूची

क्रम-सूची

प्रार्थना

ॐ भद्रं कर्णेभिः श्रृणुयाम देवाः।
भद्रं पश्येमाक्षभिर्यजत्राः।
स्थिरैरंगैस्तुष्टुवांसस्तनूभिः।
व्यशेम देवहितं यदायुः।
स्वस्ति न इंद्रो वृद्धश्रवाः।
स्वस्ति नः पूषा विश्ववेदाः।
स्वस्ति नस्ताक्ष्यों अरिष्टनेमिः।
स्वस्ति नो बृहस्पतिर्दधातु।
ॐ शांति: शांति: शांति:।

यह मंत्र सार्वभौमिक कल्याण के लिए प्रार्थना है। इसमें विभिन्न देवताओं से सुरक्षा, स्वास्थ्य और सुख के लिए आशीर्वाद की याचना की गई है। यह मंत्र सभी इंद्रियों से शुभ का अनुभव करने और दिव्य उद्देश्य के साथ जीवन जीने के महत्व को रेखांकित करता है।

इंद्र, पूषा, ताक्ष्य (गरुड़) और बृहस्पति की कृपा से यह प्रार्थना जीवन में कल्याण और शांति की कामना करती है। अंत में "ॐ शांति: शांति: शांति:" तीन बार दोहराने का अर्थ है - व्यक्तिगत, पर्यावरणीय, और वैश्विक स्तर पर शांति की गहन कामना। यह मंत्र शांति, समृद्धि और सभी प्राणियों के शारीरिक एवं आध्यात्मिक कल्याण के लिए पाठ किया जाता है।

लेखिका के बारे में

डॉ. मीनाक्षी बंसल, जो भारत की राजधानी दिल्ली में जन्मीं, ने अपनी ज़िंदगी कला, शिक्षा, और समाज कल्याण के प्रति गहरी प्रतिबद्धता के साथ बिताई है। विवाह के बाद, उन्होंने अहमदाबाद, गुजरात को अपना नया निवास स्थान बनाया, जहाँ वे प्रेरणा का स्रोत बनकर उभरीं। डॉ. मीनाक्षी न केवल ललित कला की कुशल कलाकार हैं, बल्कि एक प्रतिष्ठित लेखिका, समर्पित समाजसेविका और मनोविज्ञान की विद्वान शोधकर्ता भी हैं। उनका जीवन, विशेष रूप से समाज के वंचित और पिछड़े बच्चों के उत्थान के प्रति समर्पण, सहभागिता और सहानुभूति की शक्ति में उनके गहरे विश्वास का परिचायक है।

अपने प्रारंभिक दिनों से ही मीनाक्षी ने पढ़ने के प्रति एक अदम्य लगन दिखाई। उनके साहित्यिक संसार में नैतिक कहानियाँ, प्रेरणादायक कथाएँ, और जीवन पाठों से परिपूर्ण पौराणिक गाथाएँ शामिल थीं। यह पढ़ने की आदत केवल व्यक्तिगत विकास के लिए नहीं थी, बल्कि छात्रों और सहकर्मियों के विकास के लिए इन कहानियों के सार को साझा करने की इच्छा से प्रेरित थी। वे विशेष रूप से आदि शंकराचार्य, स्वामी विवेकानंद, डॉ. एपीजे अब्दुल कलाम, महामना पंडित मदन मोहन मालवीय, महात्मा गांधी, सरदार वल्लभभाई पटेल, और विनोबा भावे जैसे ऐतिहासिक और आध्यात्मिक नेताओं के जीवन और शिक्षाओं से प्रभावित थीं। उनके विचार और जीवन कथाएँ मीनाक्षी को दृढ़ता, निःस्वार्थता और ज्ञान की खोज के आदर्शों को अपनाने के लिए प्रेरित करती रहीं।

डॉ. मीनाक्षी का मनोविज्ञान में शैक्षणिक और व्यावहारिक योगदान भी उल्लेखनीय है। एक शोधकर्ता के रूप में, उनका ध्यान मानव मन की जटिलता को समझने और मनोवैज्ञानिक कल्याण और सामाजिक समरसता के लिए संभावनाओं को उजागर करने पर केंद्रित रहा है। उनके सामाजिक कार्यों में, वे अपने अकादमिक ज्ञान को समाज के वंचित वर्गों के जीवन में वास्तविक परिवर्तन लाने के लिए उपयोग करती हैं। उनका समाज सेवा का दृष्टिकोण पारंपरिक ज्ञान और आधुनिक मनोवैज्ञानिक पद्धतियों का अनूठा संयोजन है, जो समाज के बहुआयामी मुद्दों का समाधान करता है।

उनकी कलात्मक प्रतिभाएँ, जो उनके विविध कौशल का एक और पहलू हैं, केवल व्यक्तिगत रुचि तक सीमित नहीं हैं। उनकी कला प्रतीकात्मकता और भावनात्मक गहराई से भरपूर होती है, जो उनके दार्शनिक विचारों और सामाजिक चिंताओं को व्यक्त करती है। उनकी रचनाएँ दर्शकों को उनके बुद्धिमत्ता और करुणा की गहराई में झांकने का अवसर प्रदान करती हैं।

कला और समाज विज्ञान के अतिरिक्त, डॉ. मीनाक्षी ने प्राणिक हीलिंग की उपचार कला में भी महारत हासिल की है, जिसे मास्टर चोआ कोक सुई ने विकसित किया था। यह पद्धति, जो शरीर और आभा को ठीक करने के लिए प्राण या जीवन ऊर्जा के उपयोग पर केंद्रित है, न केवल उनके लिए एक व्यक्तिगत खोज रही है, बल्कि दूसरों को उपचार प्रदान करने का एक माध्यम भी है। प्राणिक हीलिंग में उनकी दक्षता विभिन्न प्रकार के ध्यान सिखाने और अभ्यास के साथ पूरी होती है, जो व्यक्तियों और समुदायों में पुनरुत्थान, व्यक्तिगत विकास और समरसता के संवर्धन पर केंद्रित है।

डॉ. मीनाक्षी का जीवन केवल व्यक्तिगत उपलब्धियों की खोज नहीं है, बल्कि समाज के उत्थान और सशक्तिकरण के प्रति समर्पित एक यात्रा है। उनकी विविध रुचियाँ और प्रतिभाएँ—कला, साहित्य, मनोविज्ञान, और उपचार पद्धतियों को जोड़ती हुई—सेवा के एकमात्र पथ पर केंद्रित हैं। वे उन महान हस्तियों की भावना को आत्मसात करती हैं, जिन्होंने उन्हें प्रेरित किया, और अपने कार्यों और शिक्षाओं के माध्यम से उनकी विरासत को आगे बढ़ाती हैं। अपनी पुस्तकों, कला और सामाजिक पहलों के माध्यम से, वे नई पीढ़ी को आत्म-खोज, दृढ़ता और निःस्वार्थता की यात्रा पर चलने के लिए प्रेरित करती हैं।

समाज कल्याण के प्रति उनकी प्रतिबद्धता, विशेष रूप से वंचित बच्चों के उत्थान पर ध्यान केंद्रित करना, शिक्षा और व्यक्तिगत विकास की परिवर्तनकारी क्षमता की उनकी गहरी समझ को दर्शाती है। मनोविज्ञान, कलात्मक संवेदनशीलता और उपचार पद्धतियों के ज्ञान को जोड़कर, डॉ. बंसल ने एक समग्र दृष्टिकोण विकसित किया है जो न केवल तात्कालिक आवश्यकताओं बल्कि समुदायों की दीर्घकालिक भलाई को भी संबोधित करता है।

एक लेखिका के रूप में, डॉ. मीनाक्षी की रचनाएँ प्रेरणादायक अंतर्दृष्टियों,

व्यावहारिक ज्ञान और उनके विस्तृत अध्ययन और जीवन के अनुभवों से लिए गए चिंतनशील विचारों का मिश्रण प्रस्तुत करती हैं। उनकी पुस्तकें उन लोगों के लिए मार्गदर्शिका के रूप में कार्य करती हैं, जो जीवन की जटिलताओं को अनुग्रह, दृढ़ता और उद्देश्य के साथ नेविगेट करना चाहते हैं। अपनी कहानियों के माध्यम से, वे अपने पाठकों को अपने भीतर की गहराइयों का पता लगाने और समाज की सामूहिक भलाई में अर्थपूर्ण योगदान देने के लिए आमंत्रित करती हैं।

डॉ. मीनाक्षी बंसल में हमें एक अद्वितीय कलाकार, विद्वान, उपचारकर्ता और सामाजिक कार्यकर्ता का अद्भुत समन्वय मिलता है। उनका जीवन कार्य आशा का प्रतीक और दुनिया में बदलाव लाने की इच्छा रखने वाले व्यक्तियों के लिए प्रेरणा का स्रोत है। उनकी कहानी सहानुभूति और मानवता की भलाई के प्रति गहरी प्रतिबद्धता से प्रेरित व्यक्तिगत प्रयासों की शक्ति की एक प्रेरक याद दिलाती है। डॉ. मीनाक्षी की विरासत केवल उनके प्रयासों के ठोस परिणामों में नहीं है, बल्कि उस स्थायी जिज्ञासा, सहानुभूति और सेवा की भावना में है, जिसे वे प्रतिपादित करती हैं।

प्रस्तावना

जब मैंने इस पुस्तक को लिखने की यात्रा शुरू की, तो मुझे किशोरों और उनकी देखभाल करने वाले वयस्कों से जुड़ने की एक गहरी इच्छा ने प्रेरित किया। किशोरावस्था एक अनूठा और परिवर्तनकारी काल है, जो चुनौतियों और अवसरों से भरा हुआ है। यह वह समय है जब युवा अपनी पहचान बना रहे होते हैं, सीमाओं का परीक्षण कर रहे होते हैं, और जटिल दुनिया में अपनी जगह तलाश रहे होते हैं। मेरी आशा है कि मैं ऐसी अंतर्दृष्टि और मार्गदर्शन प्रदान कर सकूं जो किशोरों और उनके परिवारों को इस महत्वपूर्ण चरण को समझदारी, सहानुभूति और गरिमा के साथ पार करने में मदद करे।

अपने बचपन में, मैं भाग्यशाली थी कि मुझे ऐसे मार्गदर्शक मिले जो किशोरावस्था की जटिलताओं को समझते थे। उनका ज्ञान और समर्थन अमूल्य था, जिसने मेरे रास्ते को आकार दिया और मुझे वह व्यक्ति बनने में मदद की, जो मैं आज हूं। जब मैं उन प्रारंभिक वर्षों पर विचार करती हूं, तो मुझे एहसास होता है कि किशोरों के लिए यह कितना आवश्यक है कि कोई ऐसा व्यक्ति हो जो उनकी सुनता हो, समझता हो और बिना किसी निर्णय के उनका मार्गदर्शन करता हो। यह पुस्तक उस समझ का विस्तार है, उन मार्गदर्शकों और देखभाल करने वालों के प्रति एक श्रद्धांजलि है, जो युवाओं के जीवन में इतना महत्वपूर्ण भूमिका निभाते हैं।

अपने करियर के दौरान, मुझे किशोरों के साथ विभिन्न क्षमताओं में काम करने का सौभाग्य मिला है। हर बातचीत ने उनके संघर्षों, सपनों और क्षमताओं के प्रति मेरी समझ को गहरा किया है। आज के किशोर तेजी से बदलती दुनिया का सामना कर रहे हैं, जहाँ सोशल मीडिया, शैक्षणिक अपेक्षाएँ और वैश्विक अनिश्चितताएँ उन्हें भारी पड़ सकती हैं। फिर भी, इन चुनौतियों के बावजूद, उनमें असाधारण सहनशीलता और विकास की क्षमता है। मेरा लक्ष्य इस सहनशीलता को उजागर करना और ऐसी रणनीतियाँ प्रदान करना है जो किशोरों को फलने-फूलने में मदद करें।

मैंने जो सबसे महत्वपूर्ण सबक सीखा है, वह है सहानुभूति की शक्ति। किशोरावस्था एक उथल-पुथल भरा समय हो सकता है, और वयस्कों के लिए

यह भूलना आसान है कि उन वर्षों को पार करना कैसा लगता था। सहानुभूति हमें किशोरों के जूते में कदम रखने, उनकी आँखों से दुनिया देखने और उनके अनुभवों को समझने की अनुमति देती है। यह समझ प्रभावी संचार और समर्थन का आधार है। सहानुभूति को बढ़ावा देकर, हम किशोरों के साथ मजबूत और अधिक भरोसेमंद संबंध बना सकते हैं, उनके संघर्षों को समझ सकते हैं और उनकी सफलताओं का जश्न मना सकते हैं।

संचार किशोरावस्था को पार करने का एक और महत्वपूर्ण आधार है। किशोरों को सुना और मूल्यवान महसूस करने की आवश्यकता होती है, और खुला, ईमानदार संचार विश्वास बनाने के लिए आवश्यक है। इसमें न केवल उनके शब्दों को सुनना शामिल है, बल्कि उनके पीछे की भावनाओं को भी समझना शामिल है। इसका मतलब है कि उनके लिए एक सुरक्षित स्थान बनाना जहाँ वे बिना आलोचना या अस्वीकृति के अपनी भावनाएँ व्यक्त कर सकें। प्रभावी संचार के माध्यम से, हम गलतफहमियों को दूर कर सकते हैं, संघर्षों को सुलझा सकते हैं और किशोरों को सूचित निर्णय लेने में मदद कर सकते हैं।

स्वतंत्रता और जिम्मेदारी को प्रोत्साहित करना किशोरावस्था के दौरान महत्वपूर्ण है। जैसे-जैसे युवा बड़े होते हैं, उन्हें विकल्प बनाने, जोखिम लेने और अपने अनुभवों से सीखने के अवसरों की आवश्यकता होती है। यह प्रक्रिया उन्हें स्वायत्तता की भावना विकसित करने में मदद करती है और उन्हें वयस्कता के लिए तैयार करती है। मार्गदर्शन प्रदान करने और उन्हें अन्वेषण की स्वतंत्रता देने के बीच संतुलन बनाना महत्वपूर्ण है। किशोरों को उनके कार्यों का स्वामित्व लेने के लिए सशक्त बनाकर, हम उन्हें आत्मविश्वास और सहनशीलता बनाने में मदद करते हैं।

किशोर मस्तिष्क को समझना किशोरों का प्रभावी ढंग से समर्थन करने की कुंजी है। किशोर मस्तिष्क अभी भी विकसित हो रहा है, विशेष रूप से निर्णय लेने, आवेग नियंत्रण और भावनात्मक विनियमन से संबंधित क्षेत्रों में। यह जैविक वास्तविकता किशोरावस्था से जुड़ी कुछ व्यवहारों और चुनौतियों की व्याख्या कर सकती है। किशोर जिस विकासात्मक चरण में हैं, उसे स्वीकार करके, हम उनके कार्यों को अधिक धैर्य और समझ के साथ देख सकते हैं। यह इस बात को भी रेखांकित करता है कि इस महत्वपूर्ण अवधि में उनके लिए स्पष्ट सीमाएँ और

सुसंगत समर्थन प्रदान करना कितना महत्वपूर्ण है।

किशोरों की भलाई के लिए स्वस्थ रिश्ते मौलिक हैं। इसमें परिवार, दोस्तों, शिक्षकों और मार्गदर्शकों के साथ संबंध शामिल हैं। सकारात्मक रिश्ते जुड़ाव, समर्थन और सुरक्षा की भावना प्रदान करते हैं। वे किशोरों को सामाजिक कौशल, सहानुभूति और सामुदायिक भावना विकसित करने में मदद करते हैं। स्वस्थ संबंधों को मॉडल करना और किशोरों को उन्हें बनाने और बनाए रखने का तरीका सिखाना महत्वपूर्ण है। इसमें सम्मान, विश्वास, संचार और संघर्ष समाधान कौशल को बढ़ावा देना शामिल है। इन रिश्तों को पोषित करके, हम किशोरों को एक मजबूत सामाजिक नेटवर्क विकसित करने में मदद कर सकते हैं जो उनके विकास और भलाई का समर्थन करता है।

किशोरों के जीवन में प्रौद्योगिकी की भूमिका को नज़रअंदाज़ नहीं किया जा सकता। जहां प्रौद्योगिकी कई लाभ प्रदान करती है, वहीं यह साइबरबुलिंग, सामाजिक तुलना और डिजिटल लत जैसी चुनौतियां भी प्रस्तुत करती है। किशोरों को डिजिटल दुनिया को जिम्मेदारी से नेविगेट करने में मदद करना आवश्यक है। इसमें प्रौद्योगिकी उपयोग की सीमाएँ तय करना, ऑनलाइन सामग्री के बारे में आलोचनात्मक सोच को प्रोत्साहित करना और स्वस्थ ऑनलाइन व्यवहार को बढ़ावा देना शामिल है। इसका मतलब यह भी है कि सोशल मीडिया के आत्म-सम्मान और मानसिक स्वास्थ्य पर प्रभाव के बारे में जागरूक होना और इन चुनौतियों से गुजरने में उन्हें समर्थन देना।

मानसिक स्वास्थ्य किशोरावस्था का एक महत्वपूर्ण पहलू है। किशोरों में चिंता, अवसाद और तनाव जैसी मानसिक स्वास्थ्य समस्याओं का जोखिम अधिक होता है। यह आवश्यक है कि एक ऐसा वातावरण बनाया जाए जहां मानसिक स्वास्थ्य को प्राथमिकता दी जाए और कलंक कम किया जाए। इसमें मानसिक स्वास्थ्य समस्याओं के लक्षणों को पहचानना, संसाधनों तक पहुँच प्रदान करना और मानसिक स्वास्थ्य पर खुले संवाद को प्रोत्साहित करना शामिल है। किशोरों के मानसिक स्वास्थ्य का समर्थन करके, हम उन्हें सहनशीलता और मुकाबला करने के कौशल बनाने में मदद कर सकते हैं, जो उनके जीवन भर काम आएंगे।

किशोरों का समर्थन करने का एक और महत्वपूर्ण पहलू रचनात्मकता और आत्म-

अभिव्यक्ति को प्रोत्साहित करना है। रचनात्मक गतिविधियाँ भावनाओं के लिए एक आउटलेट प्रदान करती हैं, उपलब्धि की भावना को बढ़ावा देती हैं और समस्या-समाधान कौशल को बढ़ाती हैं। चाहे कला, संगीत, लेखन, या अभिव्यक्ति के अन्य रूपों के माध्यम से, रचनात्मकता किशोरों को अपनी पहचान का पता लगाने और दूसरों के साथ जुड़ने की अनुमति देती है। रचनात्मक अभिव्यक्ति के अवसर प्रदान करना किशोरों को आत्मविश्वास और उद्देश्य की भावना विकसित करने में मदद कर सकता है।

शारीरिक स्वास्थ्य भी किशोरावस्था के दौरान उतना ही महत्वपूर्ण है। नियमित व्यायाम, संतुलित पोषण और पर्याप्त नींद जैसी स्वस्थ जीवनशैली विकल्पों को प्रोत्साहित करना समग्र भलाई का समर्थन करता है। शारीरिक गतिविधि तनाव को कम कर सकती है, मूड में सुधार कर सकती है और संज्ञानात्मक कार्य को बढ़ा सकती है। किशोरों को आत्म-देखभाल और स्वस्थ आदतों के महत्व के बारे में शिक्षित करना उन्हें सूचित विकल्प बनाने में मदद कर सकता है, जो उनके शारीरिक और मानसिक स्वास्थ्य को लाभ पहुँचाए।

जैसे-जैसे किशोर भविष्य की तैयारी करते हैं, उनके शैक्षणिक और करियर की योजना में मार्गदर्शन और समर्थन प्रदान करना महत्वपूर्ण है। इसमें उन्हें यथार्थवादी लक्ष्य निर्धारित करने, उनकी रुचियों का पता लगाने और सफलता के लिए आवश्यक कौशल विकसित करने में मदद करना शामिल है। करियर अन्वेषण के लिए अवसर प्रदान करना, जैसे इंटर्नशिप, जॉब शैडोइंग और मेंटरशिप, उन्हें अपने भविष्य के मार्गों के बारे में सूचित निर्णय लेने में मदद कर सकते हैं। एक विकास मानसिकता को प्रोत्साहित करना, जहां प्रयास और दृढ़ता को महत्व दिया जाता है, किशोरों को सहनशीलता और सीखने का प्रेम विकसित करने में मदद कर सकता है।

असफलता और झटकों का सामना करना एक महत्वपूर्ण जीवन कौशल है। किशोरों को यह सीखने की जरूरत है कि असफलता जीवन का एक स्वाभाविक हिस्सा और विकास का अवसर है। उन्हें झटकों को सीखने के अनुभव के रूप में देखने के लिए प्रोत्साहित करना, न कि उनकी कीमत के प्रतिबिंब के रूप में, उन्हें सहनशीलता और दृढ़ता बनाने में मदद कर सकता है। कठिन समय के दौरान समर्थन और मार्गदर्शन प्रदान करना और उनके प्रयासों और प्रगति का जश्न

मनाना उन्हें चुनौतियों के प्रति सकारात्मक और सक्रिय दृष्टिकोण विकसित करने में मदद कर सकता है।

सहानुभूति और सेवा भावना भी व्यक्तिगत विकास के महत्वपूर्ण पहलू हैं। किशोरों को स्वयंसेवा करने और अपने समुदायों को वापस देने के लिए प्रोत्साहित करना जिम्मेदारी और करुणा की भावना को बढ़ावा देता है। स्वयंसेवा मूल्यवान जीवन अनुभव प्रदान करता है, महत्वपूर्ण कौशल सिखाता है और किशोरों को सहानुभूति और सामाजिक जागरूकता विकसित करने में मदद करता है। यह उद्देश्य और पूर्ति की भावना भी प्रदान करता है, जो उनकी समग्र भलाई में योगदान देता है।

एक सुरक्षित और सहायक घरेलू वातावरण बनाना इन सभी प्रयासों की नींव है। एक पोषणशील घर वह स्थिरता और सुरक्षा प्रदान करता है, जिसकी किशोरों को फलने-फूलने की आवश्यकता होती है। इसमें उपस्थित होना, बिना शर्त प्यार और समर्थन दिखाना और ऐसा वातावरण बनाना शामिल है, जहाँ वे मूल्यवान और समझे जाएँ। इसका मतलब स्पष्ट सीमाएँ तय करना, मार्गदर्शन प्रदान करना और उन्हें बढ़ने और अन्वेषण करने की स्वतंत्रता देना भी है। एक सुरक्षित और सहायक घर बनाकर, हम किशोरों को किशोरावस्था की चुनौतियों का सामना करने और आत्मविश्वास, सहनशीलता और करुणा के साथ वयस्क बनने में मदद कर सकते हैं।

इस पुस्तक को लिखते समय, मैंने अपने व्यक्तिगत और व्यावसायिक अनुभवों, साथ ही इस क्षेत्र में विशेषज्ञों के गहन शोध और अंतर्दृष्टि को शामिल किया है। मेरा उद्देश्य किशोरावस्था के वर्षों को समझदारी और करुणा के साथ नेविगेट करने में मदद करने के लिए व्यावहारिक सलाह, विचारशील चिंतन और सहानुभूतिपूर्ण मार्गदर्शन प्रदान करना है। मैं माता-पिता, देखभाल करने वालों, शिक्षकों और स्वयं किशोरों के लिए एक ऐसा मार्गदर्शक प्रदान करने की आशा करती हूं, जो इस महत्वपूर्ण अवधि को गरिमा और समझ के साथ पार करने में मदद कर सके।

डॉ. मीनाक्षी बंसल
सामाजिक कार्यकर्ता
अहमदाबाद, गुजरात, भारत

1

किशोर मस्तिष्क को समझना

किशोर मस्तिष्क को समझने के लिए किशोरों की जटिल और तेजी से बदलती दुनिया में गहराई से प्रवेश करना आवश्यक है। किशोरावस्था एक महत्वपूर्ण वृद्धि और विकास का काल है, जो गहन शारीरिक, भावनात्मक, संज्ञानात्मक, और सामाजिक परिवर्तनों से चिह्नित होता है। ये परिवर्तन जैविक प्रक्रियाओं, मनोवैज्ञानिक विकास और पर्यावरणीय प्रभावों के संयोजन से प्रेरित होते हैं।

जैविक रूप से, किशोरावस्था को यौवन (प्यूबर्टी) के रूप में पहचाना जाता है, एक ऐसा समय जब शरीर में नाटकीय परिवर्तन होते हैं। हार्मोनल बदलाव द्वितीयक यौन लक्षणों के विकास को प्रेरित करते हैं, जैसे लड़कियों में स्तन विकास और लड़कों में मांसपेशियों की वृद्धि। ये शारीरिक परिवर्तन किशोरों के आत्मसम्मान और शरीर की छवि पर गहरा प्रभाव डाल सकते हैं। हार्मोन, विशेष रूप से टेस्टोस्टेरोन और एस्ट्रोजन, मूड और व्यवहार को भी प्रभावित करते हैं, जो अक्सर तीव्र भावनाओं और संवेदनशीलता का कारण बनते हैं। किशोर खुशी, दुख, गुस्सा, या हताशा की तीव्र भावनाओं का अनुभव कर सकते हैं, कभी-कभी बिना यह समझे कि ऐसा क्यों हो रहा है।

संज्ञानात्मक रूप से, किशोरावस्था मस्तिष्क के जबरदस्त विकास का समय है। मस्तिष्क का प्रीफ्रंटल कॉर्टेक्स, जो निर्णय लेने, आवेग नियंत्रण और योजना बनाने के लिए जिम्मेदार है, 20 के दशक के मध्य तक विकसित होता रहता है।

इसका मतलब है कि किशोर उन्नत विचार प्रक्रियाओं में सक्षम होते हैं, लेकिन उन्हें अभी भी आवेग नियंत्रण और जोखिम मूल्यांकन में कठिनाई हो सकती है। मस्तिष्क का इनाम तंत्र किशोरावस्था के दौरान विशेष रूप से सक्रिय होता है, जिससे किशोर नई और रोमांचक अनुभवों की तलाश में अधिक प्रवृत होते हैं। यह कभी-कभी जोखिम भरे व्यवहारों, जैसे नशीली दवाओं का उपयोग या असुरक्षित यौन गतिविधियों में शामिल होने की ओर ले जा सकता है, क्योंकि किशोर तत्काल इनाम को दीर्घकालिक परिणामों पर प्राथमिकता देते हैं।

भावनात्मक रूप से, किशोर आत्म-परिचय के मार्ग पर चल रहे होते हैं। वे यह समझने की कोशिश कर रहे होते हैं कि वे कौन हैं, वे क्या मानते हैं, और वे दुनिया में कहाँ फिट होते हैं। यह पहचान की खोज अक्सर प्राधिकरण पर सवाल उठाने, सीमाओं का परीक्षण करने और माता-पिता और देखभाल करने वालों से स्वतंत्रता की तलाश में शामिल होती है। यह आत्म और स्वायत्तता की भावना विकसित करने के लिए एक महत्वपूर्ण समय है, लेकिन यह महत्वपूर्ण भ्रम और उथल-पुथल का भी समय हो सकता है। किशोर वयस्कों की तरह व्यवहार किए जाने की इच्छा और जब भारी दबाव महसूस हो तो बालसुलभ व्यवहार में लौटने के बीच झूल सकते हैं।

सामाजिक रूप से, किशोरावस्था के वर्षों को परिवार से मित्रों पर ध्यान केंद्रित करने के बदलाव द्वारा चिह्नित किया जाता है। दोस्ती बढ़ती महत्व रखती है, और साथियों की स्वीकृति व्यवहार और आत्मसम्मान को भारी रूप से प्रभावित कर सकती है। किशोर साथियों के समूह के मानदंडों और मानकों के अनुरूप होने का बहुत दबाव महसूस कर सकते हैं, जिससे कभी-कभी माता-पिता या शिक्षकों के साथ संघर्ष हो सकता है जिनकी अपेक्षाएँ भिन्न हो सकती हैं। स्वीकृति और जुड़ाव की आवश्यकता किशोरों के जीवन में एक शक्तिशाली शक्ति है, जो उनके कई निर्णयों और कार्यों को प्रेरित करती है।

किशोरों के आधुनिक मस्तिष्क को समझने में प्रौद्योगिकी और सोशल मीडिया की भूमिका को नज़रअंदाज़ नहीं किया जा सकता। आज के किशोर डिजिटल दुनिया में बड़े हो रहे हैं, जहाँ सोशल मीडिया और त्वरित संचार सामान्य हैं। ये मंच जहाँ जुड़ाव और आत्म-अभिव्यक्ति के मूल्यवान अवसर प्रदान कर सकते हैं, वहीं यह चिंता, अवसाद, और वास्तविकता की विकृत समझ में योगदान दे सकते हैं।

दूसरों से लगातार तुलना, साइबरबुलिंग, और एक निश्चित ऑनलाइन छवि बनाए रखने का दबाव कई किशोरों के लिए भारी हो सकता है।

किशोर मस्तिष्क को समझने का मतलब यह भी है कि विभिन्न किशोरों द्वारा सामना किए गए विविध अनुभवों और चुनौतियों को पहचानना। लिंग, जाति, सामाजिक-आर्थिक स्थिति, यौन अभिविन्यास, और सांस्कृतिक पृष्ठभूमि जैसे कारक किशोरों के विकास और दृष्टिकोण को प्रभावित कर सकते हैं। उदाहरण के लिए, LGBTQ+ किशोर पहचान और स्वीकृति से संबंधित मुद्दों से जूझ सकते हैं, जबकि उनके विषमलैंगिक साथियों को नहीं। इसी प्रकार, हाशिए पर रहने वाले समुदायों के किशोर व्यवस्थित बाधाओं और भेदभाव का सामना कर सकते हैं, जो उनके मानसिक स्वास्थ्य और अवसरों को प्रभावित कर सकता है।

किशोरों का प्रभावी समर्थन करने के लिए, उनके शारीरिक, भावनात्मक, संज्ञानात्मक और सामाजिक विकास की परस्पर जुड़ाव को समझने वाला समग्र दृष्टिकोण अपनाना आवश्यक है। माता-पिता, शिक्षकों और देखभाल करने वालों की भूमिका किशोरों को इस महत्वपूर्ण काल के दौरान मार्गदर्शन, समर्थन और समझ प्रदान करने में महत्वपूर्ण है।

किशोरों का समर्थन करने का एक महत्वपूर्ण पहलू खुला और ईमानदार संचार को बढ़ावा देना है। किशोरों को यह महसूस करने की आवश्यकता है कि वे बिना किसी निर्णय या सज़ा के अपने विचारों और भावनाओं को व्यक्त कर सकते हैं। सक्रिय सुनवाई और उनके अनुभवों को मान्य करना प्रभावी संचार के आवश्यक घटक हैं। इसका मतलब है कि वे जो कह रहे हैं उसे वास्तव में सुनने के लिए समय निकालना, उनकी भावनाओं को स्वीकार करना, और सहानुभूति और समर्थन की पेशकश करना। इसमें मानसिक स्वास्थ्य, यौन अभिविन्यास और नशीली दवाओं के उपयोग जैसे कठिन विषयों पर गैर-आलोचनात्मक और सूचनात्मक तरीके से चर्चा करने के लिए खुले रहना भी शामिल है।

स्पष्ट और सुसंगत सीमाएँ निर्धारित करना किशोरों का समर्थन करने का एक और महत्वपूर्ण पहलू है। जहाँ किशोर स्वतंत्रता की तलाश करते हैं, वहीं उन्हें बढ़ने के दौरान जटिलताओं को समझने में मदद करने के लिए संरचना और मार्गदर्शन की भी आवश्यकता होती है। नियम और अपेक्षाएँ स्थापित करना

सुरक्षा की भावना प्रदान करता है और किशोरों को उनके कार्यों के परिणामों को समझने में मदद करता है। हालांकि, इस प्रक्रिया में उन्हें शामिल करना भी उतना ही महत्वपूर्ण है, जिससे बातचीत और समझौते की अनुमति मिलती है। यह दृष्टिकोण उनके व्यवहार पर जिम्मेदारी और स्वामित्व की भावना को बढ़ावा देता है।

सकारात्मक सहकर्मी संबंधों को प्रोत्साहित करना भी बहुत आवश्यक है। माता-पिता और देखभाल करने वाले अपने किशोरों को स्वस्थ सामाजिक कौशल विकसित करने में मदद कर सकते हैं और उनके मित्रों और सामाजिक दायरे के प्रति जागरूक रह सकते हैं। आत्मसम्मान और आत्मविश्वास बनाने वाली गतिविधियों, जैसे खेल, कला, या स्वयंसेवा कार्यों को बढ़ावा देना, किशोरों को सकारात्मक पहचान बनाने और नकारात्मक सहकर्मी दबाव का विरोध करने में मदद कर सकता है।

मानसिक स्वास्थ्य किशोर मस्तिष्क को समझने में एक महत्वपूर्ण क्षेत्र है। किशोरों के बीच चिंता, अवसाद और अन्य मानसिक स्वास्थ्य समस्याओं की बढ़ती प्रवृत्ति एक गंभीर चिंता का विषय है। इन चुनौतियों से निपटने के लिए प्रारंभिक पहचान और हस्तक्षेप महत्वपूर्ण हैं। माता-पिता, शिक्षक और देखभाल करने वालों को मानसिक स्वास्थ्य समस्याओं के संकेतों, जैसे मूड, व्यवहार या शैक्षणिक प्रदर्शन में बदलाव, के प्रति सतर्क रहना चाहिए और आवश्यकता पड़ने पर पेशेवर सहायता लेनी चाहिए। एक ऐसा वातावरण बनाना जहाँ मानसिक स्वास्थ्य पर खुले तौर पर चर्चा की जाए और उसे सामान्य किया जाए, कलंक को कम कर सकता है और किशोरों को आवश्यकता पड़ने पर मदद लेने के लिए प्रोत्साहित कर सकता है।

सहानुभूति और धैर्य किशोरों के साथ काम करने वाले किसी भी व्यक्ति के लिए मौलिक गुण हैं। यह समझना कि किशोरावस्था स्वाभाविक रूप से चुनौतीपूर्ण होती है और किशोर अभी भी अपनी भावनाओं और व्यवहारों का प्रबंधन करने के लिए आवश्यक कौशल विकसित कर रहे हैं, वयस्कों को निराशा के बजाय करुणा के साथ प्रतिक्रिया करने में मदद कर सकता है। प्रत्येक किशोर की अनूठी ताकत और क्षमता को पहचानना और उन्हें अपनी रुचियों और प्रतिभाओं का पता लगाने के अवसर प्रदान करना उद्देश्य और प्रेरणा की भावना को बढ़ावा दे सकता है।

अंततः, किशोरों में वे व्यवहार और मूल्य देखने के लिए जो आप उनमें स्थापित करना चाहते हैं, उन्हें स्वयं मॉडल करना बहुत आवश्यक है। किशोर अत्यधिक पर्यवेक्षक होते हैं और अक्सर वयस्कों के कार्यों से अधिक सीखते हैं, बजाय उनके कहे हुए शब्दों के। अपने जीवन में स्वस्थ संचार, आत्म-देखभाल, जिम्मेदारी और सहानुभूति का प्रदर्शन करना किशोरों के अनुसरण के लिए एक शक्तिशाली उदाहरण प्रस्तुत करता है।

किशोर मस्तिष्क को समझना एक बहुआयामी और सतत प्रक्रिया है, जिसमें सहानुभूति, धैर्य और किशोरों की बदलती जरूरतों के प्रति अनुकूल होने की इच्छा की आवश्यकता होती है। एक सहायक और पोषणकारी वातावरण प्रदान करके, खुला संवाद बढ़ावा देकर, स्पष्ट सीमाएँ स्थापित करके, सकारात्मक संबंधों को प्रोत्साहित करके और उनके मानसिक स्वास्थ्य के प्रति सतर्क रहकर, हम किशोरों को आत्मविश्वास और अनुग्रह के साथ किशोरावस्था की जटिलताओं को पार करने में मदद कर सकते हैं।

"किशोरावस्था एक गहन वृद्धि और खोज का समय है। प्रत्येक चुनौती को सीखने और विकसित होने के अवसर के रूप में अपनाएँ। याद रखें, हर असफलता आपके सच्चे सामर्थ्य की ओर एक कदम है।"

2

विश्वास और जुड़ाव बनाना

किशोरों के साथ विश्वास और जुड़ाव बनाना एक महत्वपूर्ण लेकिन चुनौतीपूर्ण कार्य है, जिसमें धैर्य, सहानुभूति, और निरंतरता की आवश्यकता होती है। विश्वास किसी भी सार्थक संबंध की नींव है, और किशोरों के लिए यह सुरक्षा और समर्थन की भावना प्रदान करता है, जो उनके भावनात्मक और मनोवैज्ञानिक विकास के लिए आवश्यक है। दूसरी ओर, जुड़ाव यह सुनिश्चित करता है कि किशोर समझे और मूल्यवान महसूस करें, जो उनके आत्मसम्मान और समग्र भलाई पर गहरा प्रभाव डाल सकता है।

विश्वास स्थापित करना उस वातावरण को बनाने के साथ शुरू होता है जहाँ किशोर सुरक्षित और सम्मानित महसूस करते हैं। इसका अर्थ है उनकी व्यक्तिगतता को स्वीकार करना और यह समझना कि उनके विचार, भावनाएँ और अनुभव वैध हैं। इस वातावरण को बनाने का एक प्रभावी तरीका सक्रिय सुनवाई है। जब किशोरों को सुना जाता है, तो वे अपने आंतरिक विचारों और भावनाओं को साझा करने के लिए अधिक इच्छुक होते हैं। सक्रिय सुनवाई का मतलब केवल शब्द सुनना नहीं है; यह पूरा ध्यान देना, आँखों का संपर्क बनाना, और विचारशीलता से प्रतिक्रिया देना है। इसका अर्थ उनके साथ उपस्थित रहना और यह दिखाना है कि वे जो कह रहे हैं उसमें आपकी वास्तविक रुचि है। यह आज की व्यस्त और ध्यान भटकाने वाली दुनिया में चुनौतीपूर्ण हो सकता है, लेकिन सुनने का सचेत प्रयास माता-पिता या देखभाल करने वालों और किशोरों के बीच बंधन को काफी हद तक मजबूत कर

सकता है।

निरंतरता विश्वास बनाने का एक और महत्वपूर्ण घटक है। किशोरों को यह जानने की आवश्यकता है कि वे अपने जीवन में वयस्कों पर भरोसा कर सकते हैं। इसका मतलब है भरोसेमंद होना और वादों और प्रतिबद्धताओं का पालन करना। यदि माता-पिता या देखभाल करने वाले लगातार अपने वादों पर खरे उतरते हैं, तो यह किशोरों के विश्वास को मजबूत करता है। निरंतरता का विस्तार सीमाएँ तय करने और उन्हें लागू करने तक भी होता है। स्पष्ट, सुसंगत सीमाएँ संरचना और सुरक्षा प्रदान करती हैं, जिससे किशोर समझ पाते हैं कि उनसे क्या अपेक्षा की जाती है और वे दूसरों से क्या उम्मीद कर सकते हैं। इन सीमाओं को स्पष्ट रूप से संवाद करना और उनके पीछे के कारणों को समझाना महत्वपूर्ण है। जब किशोर नियमों और सीमाओं के उद्देश्य को समझते हैं, तो वे उन्हें अधिक सम्मान देते हैं।

ईमानदारी विश्वास का एक मुख्य आधार है। किशोर संवेदनशील होते हैं और अक्सर यह समझ सकते हैं कि कब उनसे झूठ बोला जा रहा है या उन्हें गुमराह किया जा रहा है। ईमानदार होना, भले ही सच्चाई कठिन हो, सम्मान और विश्वास को बढ़ावा देता है। इसका मतलब यह नहीं है कि वयस्कों को किशोरों के साथ हर जीवन विवरण साझा करना चाहिए, बल्कि उन मुद्दों पर पारदर्शी रहना चाहिए जो उन्हें सीधे प्रभावित करते हैं। उदाहरण के लिए, यदि परिवार में कोई चुनौती या वित्तीय कठिनाई है, तो आयु-उपयुक्त जानकारी प्रदान करना किशोरों को शामिल और सम्मानित महसूस करने में मदद कर सकता है। यह उनके लिए अपने रिश्तों में सकारात्मक उदाहरण भी प्रस्तुत करता है।

सहानुभूति किशोरों के साथ मजबूत जुड़ाव बनाने में आवश्यक है। सहानुभूति का मतलब है किसी और के भावनाओं को समझना और साझा करना। जब माता-पिता और देखभाल करने वाले किशोरों के प्रति सहानुभूति दिखाते हैं, तो यह उनकी भावनाओं और अनुभवों को मान्य करने में मदद करता है। किशोर अक्सर यह महसूस करते हैं कि उन्हें गलत समझा या अनदेखा किया जा रहा है, इसलिए सहानुभूति दिखाना इस अंतर को पाटने में मदद कर सकता है। इसका अर्थ है उनके संघर्षों और सफलताओं को स्वीकार करना, करुणा व्यक्त करना और बिना निर्णय के समर्थन की पेशकश करना। यह उनकी दृष्टि से दुनिया को देखना और दयालुता और समझदारी के साथ प्रतिक्रिया देना है।

गुणवत्तापूर्ण समय बिताना विश्वास और जुड़ाव बनाने का एक और प्रभावी तरीका है। साझा गतिविधियाँ, चाहे वह परिवार के साथ खेल की रात हो, पार्क में सैर हो, या बस एक साथ भोजन करना, बंधन और खुले संवाद के लिए अवसर प्रदान करती हैं। ये क्षण किशोरों को मूल्यवान और सराहे जाने का एहसास कराते हैं, जिससे जुड़ाव मजबूत होता है। इन समयों के दौरान उपस्थित रहना और फोन या काम जैसे ध्यान भटकाने वाले कारकों को एक तरफ रखना महत्वपूर्ण है। गुणवत्तापूर्ण समय में भव्य या समय लेने वाली गतिविधियाँ शामिल नहीं होनी चाहिए; छोटे, निरंतर बातचीत भी बड़ा अंतर ला सकती हैं।

किशोरों की गोपनीयता की आवश्यकता का सम्मान करना विश्वास बनाने में महत्वपूर्ण है। किशोर उस अवस्था में होते हैं जहाँ वे अपनी पहचान विकसित कर रहे होते हैं और स्वतंत्रता की तलाश में होते हैं। उनकी गोपनीयता का सम्मान करने का अर्थ है उन्हें बढ़ने और अपने निर्णय लेने के लिए स्थान देना, जबकि अभी भी समर्थन और मार्गदर्शन के लिए उपलब्ध रहना। इसमें उनके कमरे में प्रवेश करने से पहले दरवाजा खटखटाना, उनकी निजी बातचीत या डायरी में ताकझांक न करना, और उन्हें अपनी रुचियों और मित्रता बनाए रखने की अनुमति देना शामिल है। जब किशोरों को लगता है कि उनकी गोपनीयता का सम्मान किया जा रहा है, तो वे अपने जीवन में वयस्कों पर भरोसा करने और उनके साथ आत्मीयता से साझा करने की अधिक संभावना रखते हैं।

खुले और ईमानदार संवाद को प्रोत्साहित करना विश्वास और जुड़ाव बनाने के लिए मौलिक है। इसका मतलब है कि एक ऐसा सुरक्षित स्थान बनाना जहाँ किशोर अपने विचारों और भावनाओं को बिना किसी निर्णय या सजा के व्यक्त करने में सहज महसूस करें। बिना बाधित किए सुनना, गहन बातचीत को प्रोत्साहित करने के लिए खुले-समाप्ति वाले प्रश्न पूछना, और सहानुभूति और समझदारी के साथ प्रतिक्रिया देना महत्वपूर्ण है। इस व्यवहार को मॉडल करने से भी लाभ होता है, अपने विचारों और भावनाओं के बारे में खुलकर और ईमानदारी से बात करना, यह प्रदर्शित करना कि संवेदनशील होना ठीक है और संचार दोतरफा रास्ता है।

किशोरों के हितों और गतिविधियों का समर्थन करना एक मजबूत जुड़ाव बनाने का एक और तरीका है। उनके शौक में वास्तविक रुचि दिखाना, उनके आयोजनों

में भाग लेना और उनकी उपलब्धियों का जश्न मनाना किशोरों को मूल्यवान और समर्थित महसूस करा सकता है। उनके जुनून को प्रोत्साहित करना और उन्हें अपनी रुचियों का पता लगाने के अवसर प्रदान करना महत्वपूर्ण है। यह न केवल माता-पिता और किशोरों के बीच बंधन को मजबूत करता है, बल्कि उनके आत्मविश्वास और आत्मसम्मान को भी बढ़ाता है।

संघर्षों के दौरान धैर्य और समझ दिखाना विश्वास और जुड़ाव बनाए रखने के लिए महत्वपूर्ण है। किशोरावस्था तीव्र भावनाओं और बार-बार होने वाले संघर्षों का समय हो सकता है, लेकिन इन संघर्षों को संभालने का तरीका रिश्ते पर महत्वपूर्ण प्रभाव डाल सकता है। शांत रहना, उनके दृष्टिकोण को सुनना, और दोनों पक्षों की भावनाओं और जरूरतों का सम्मान करते हुए समाधान की दिशा में काम करना महत्वपूर्ण है। जब आवश्यक हो, माफी माँगना और यह दिखाना कि आप इन अनुभवों से सीखने और बढ़ने के लिए तैयार हैं, रिश्ते को और मजबूत कर सकता है।

लगातार और बिना शर्त समर्थन प्रदान करना विश्वास बनाने के लिए आवश्यक है। किशोरों को यह जानने की जरूरत है कि वे परिस्थितियों से परे अपने माता-पिता या देखभाल करने वालों पर भरोसा कर सकते हैं। इसका मतलब है कठिन समय में उनके लिए उपस्थित रहना, प्रोत्साहन और मार्गदर्शन प्रदान करना, और यह दिखाना कि आपका प्यार और समर्थन उनके व्यवहार या उपलब्धियों पर निर्भर नहीं है। यह जानना कि उनके पास एक भरोसेमंद समर्थन प्रणाली है, किशोरों को जोखिम लेने और अपने लक्ष्यों का पीछा करने का आत्मविश्वास दे सकता है।

स्वायत्तता और निर्णय लेने को प्रोत्साहित करना न केवल विश्वास बनाने में मदद करता है बल्कि किशोरों को वयस्कता के लिए तैयार करता है। उन्हें अपने स्वयं के निर्णय लेने की अनुमति देना, भले ही इसका मतलब गलतियाँ करना हो, यह दिखाता है कि आप उनके निर्णय पर भरोसा करते हैं और उनकी स्वतंत्रता का सम्मान करते हैं। मार्गदर्शन और समर्थन प्रदान करना महत्वपूर्ण है, लेकिन साथ ही उन्हें अपने अनुभवों से सीखने की अनुमति देना भी आवश्यक है। यह जिम्मेदारी और आत्म-प्रभावकारिता की भावना को बढ़ावा देता है, जो रिश्ते में विश्वास और जुड़ाव को सुदृढ़ करता है।

प्रत्येक किशोर की विशिष्टता को समझना और उसकी सराहना करना बहुत आवश्यक है। हर किशोर अद्वितीय है, अपनी अलग व्यक्तित्व, रुचियों और चुनौतियों के साथ। इन अंतरताओं को पहचानना और उनका जश्न मनाना एक मजबूत जुड़ाव बनाने में मदद कर सकता है। भाई-बहनों या साथियों के साथ तुलना से बचना और किशोर के व्यक्तिगत गुणों और ताकतों पर ध्यान केंद्रित करना महत्वपूर्ण है। यह दिखाता है कि आप उन्हें वैसे ही महत्व देते हैं, जैसे वे हैं, जो उनके आत्म-सम्मान और रिश्ते में विश्वास को काफी हद तक बढ़ा सकता है।

किशोरों के साथ विश्वास और जुड़ाव बनाना एक सतत प्रक्रिया है, जिसमें प्रयास, धैर्य और समझ की आवश्यकता होती है। यह ऐसा वातावरण बनाने के बारे में है जहाँ वे सुरक्षित, सम्मानित और मूल्यवान महसूस करते हैं, और जहाँ वे स्वयं को खुले और ईमानदार रूप से व्यक्त कर सकते हैं। इसमें सक्रिय सुनवाई, निरंतरता, ईमानदारी, सहानुभूति, गुणवत्तापूर्ण समय, गोपनीयता का सम्मान, खुले संवाद, रुचियों का समर्थन, संघर्षों के दौरान धैर्य, बिना शर्त समर्थन, स्वायत्तता को प्रोत्साहित करना, विशिष्टता की सराहना, समस्याओं के समाधान में भागीदारी, क्षमा, आत्म-अभिव्यक्ति, समुदाय का एहसास, बाहरी प्रभावों का प्रबंधन, और सकारात्मक रोल मॉडलिंग पर ध्यान केंद्रित करना शामिल है।

संयुक्त समस्या-समाधान में शामिल होना विश्वास बनाने का एक व्यावहारिक तरीका है। जब मुद्दे उत्पन्न होते हैं, तो समाधान थोपने के बजाय, किशोर को समाधान खोजने की प्रक्रिया में शामिल करें। यह सहयोगात्मक दृष्टिकोण उनके योगदान के प्रति सम्मान को प्रदर्शित करता है और जिम्मेदारी की भावना को बढ़ावा देता है। यह मूल्यवान समस्या-समाधान और निर्णय लेने के कौशल सिखाने का एक अवसर भी प्रदान करता है। चुनौतियों का समाधान करने के लिए मिलकर काम करके, माता-पिता और देखभाल करने वाले रिश्ते में विश्वास और जुड़ाव को और मजबूत कर सकते हैं।

क्षमा और समझदारी का अभ्यास करना एक और प्रभावी रणनीति है। किशोर, सभी लोगों की तरह, गलतियाँ करते हैं। इन स्थितियों से निपटने के लिए सजा और दोषारोपण के बजाय, सीखने और विकास की मानसिकता अपनाना महत्वपूर्ण है। क्षमा और समझ की पेशकश करके, माता-पिता और देखभाल करने वाले किशोरों को उनकी गलतियों से सीखने और सकारात्मक दिशा में आगे बढ़ने

में मदद कर सकते हैं। यह दृष्टिकोण रिश्तों में करुणा और सहानुभूति के महत्व का भी मॉडल पेश करता है।

आत्म-अभिव्यक्ति को प्रोत्साहित करना भी विश्वास और जुड़ाव बनाने में महत्वपूर्ण है। किशोरों को कला, संगीत, लेखन, या खेल जैसे विभिन्न आउटलेट्स के माध्यम से स्वयं को व्यक्त करने के अवसर प्रदान करना उन्हें अपनी पहचान का पता लगाने और अपनी प्रतिभाओं को विकसित करने में मदद कर सकता है। उनके रचनात्मक प्रयासों का समर्थन करना और उनकी उपलब्धियों का जश्न मनाना महत्वपूर्ण है। यह न केवल माता-पिता और किशोरों के बीच बंधन को मजबूत करता है, बल्कि उनके आत्मविश्वास और आत्म-सम्मान को भी बढ़ाता है।

किशोरों के साथ विश्वास और जुड़ाव बनाने में एक समुदाय की भावना को बढ़ावा देना भी शामिल है। किशोरों को यह महसूस करने की जरूरत है कि वे एक सहायक और प्यार भरे समुदाय का हिस्सा हैं। यह पारिवारिक परंपराओं को बनाने, सामुदायिक गतिविधियों में भाग लेने, और साझा मूल्यों और लक्ष्यों की भावना को बढ़ावा देने के माध्यम से प्राप्त किया जा सकता है। जब किशोर यह महसूस करते हैं कि वे एक बड़े समुदाय का हिस्सा हैं, तो वे एक मजबूत पहचान और उद्देश्य विकसित करने की अधिक संभावना रखते हैं।

बाहरी प्रभावों का प्रभाव पहचानना और उनका समाधान करना भी महत्वपूर्ण है। सहकर्मी दबाव, सोशल मीडिया, और सामाजिक अपेक्षाएँ सभी किशोर के आत्मसम्मान और व्यवहार को प्रभावित कर सकती हैं। खुला संवाद बनाए रखकर और मार्गदर्शन प्रदान करके, माता-पिता और देखभाल करने वाले किशोरों को इन प्रभावों को स्वस्थ और सकारात्मक तरीके से नेविगेट करने में मदद कर सकते हैं। इसमें विभिन्न प्रभावों के संभावित जोखिमों और लाभों पर चर्चा करना और आलोचनात्मक सोच और आत्म-चिंतन को प्रोत्साहित करना शामिल है।

अंत में, किशोरों के साथ विश्वास और जुड़ाव बनाने में एक सकारात्मक रोल मॉडल बनना शामिल है। किशोर पर्यवेक्षक होते हैं और अक्सर अपने जीवन में वयस्कों की ओर देखते हैं कि वे कैसे व्यवहार करते हैं और दूसरों के साथ कैसे बातचीत करते हैं। सकारात्मक व्यवहारों का प्रदर्शन करके, जैसे प्रभावी संवाद,

सहानुभूति, जिम्मेदारी, और दृढ़ता, माता-पिता और देखभाल करने वाले किशोरों के लिए अनुसरण करने के लिए एक शक्तिशाली उदाहरण प्रस्तुत कर सकते हैं। यह मॉडलिंग उन मूल्यों और सिद्धांतों को मजबूत करता है जो मजबूत, भरोसेमंद रिश्ते बनाने के लिए महत्वपूर्ण हैं।

"सहानुभूति समझ का आधार है। किसी और की आँखों से दुनिया को देखकर, हम करुणा और विश्वास के पुल बनाते हैं। अपनी बातचीत और रिश्तों को आकार देने के लिए सहानुभूति को मार्गदर्शक बनाएँ।"

∽

3

प्रभावी संवाद कौशल

प्रभावी संवाद कौशल किशोरों के साथ मजबूत और स्वस्थ संबंध बनाने के लिए आवश्यक हैं। संवाद केवल शब्दों का आदान-प्रदान नहीं है; यह समझने, जुड़ने और एक ऐसा रिश्ता बनाने के बारे में है जो खुले और ईमानदार संवाद की अनुमति देता है। किशोरों के साथ संवाद की कला में पारंगत होना सुनने, बोलने और गैर-मौखिक कौशलों के संयोजन की आवश्यकता होती है, जो मिलकर विश्वास और परस्पर सम्मान के माहौल को बनाते हैं।

प्रभावी संवाद का सबसे बुनियादी पहलू सक्रिय सुनवाई है। सक्रिय सुनवाई का मतलब है कि वक्ता पर पूरा ध्यान देना, उनके संदेश को समझना, सोच-समझकर प्रतिक्रिया देना और जो कहा गया उसे याद रखना। किशोरों के लिए, सुने और समझे जाने की भावना महत्वपूर्ण है। जब माता-पिता और देखभाल करने वाले सक्रिय सुनवाई का अभ्यास करते हैं, तो वे यह प्रदर्शित करते हैं कि वे अपने किशोर के विचारों और भावनाओं को महत्व देते हैं। इसमें केवल शब्द सुनना ही नहीं, बल्कि उनके पीछे की भावनाओं पर ध्यान देना भी शामिल है। सिर हिलाना, आँखों का संपर्क बनाए रखना, और "मैं समझता हूँ" या "मुझे पता है" जैसी प्रतिक्रियाएँ देना किशोरों को मान्य और सम्मानित महसूस करा सकता है।

सक्रिय सुनवाई के अलावा, खुले-समाप्ति वाले प्रश्न पूछना प्रभावी संवाद में एक शक्तिशाली उपकरण है। खुले-समाप्ति वाले प्रश्न किशोरों को अपनी बात अधिक गहराई से व्यक्त करने और अपनी प्रतिक्रियाओं के बारे में गंभीर रूप से सोचने के लिए प्रोत्साहित करते हैं। उदाहरण के लिए, "क्या आपका दिन अच्छा रहा?"

पूछने के बजाय, "आपके दिन का सबसे अच्छा हिस्सा क्या था?" या "आपको अपनी प्रस्तुति के बारे में कैसा लगा?" पूछें। इस प्रकार के प्रश्न किशोरों को अपने अनुभवों और भावनाओं को साझा करने के लिए आमंत्रित करते हैं, गहरे संवाद को प्रोत्साहित करते हैं और उनके दृष्टिकोण की बेहतर समझ प्रदान करते हैं।

प्रभावी संवाद का एक अन्य महत्वपूर्ण पहलू सहानुभूति व्यक्त करना है। सहानुभूति का मतलब है किसी और की भावनाओं को समझना और साझा करना। किशोरों के साथ संवाद करते समय, सहानुभूति दिखाना विश्वास और मेलजोल बनाने में मदद करता है। यह उनके संघर्षों और अनुभवों को बिना किसी निर्णय के स्वीकार करके प्राप्त किया जा सकता है। उदाहरण के लिए, यदि कोई किशोर अपने दोस्त के साथ हुए झगड़े के बारे में परेशान है, तो माता-पिता कह सकते हैं, "मैं देख सकता हूँ कि जो हुआ उससे आप वास्तव में परेशान हैं। यह आपके लिए बहुत कठिन रहा होगा।" इस प्रकार की प्रतिक्रिया दिखाती है कि माता-पिता न केवल सुन रहे हैं बल्कि किशोर के भावनात्मक अनुभव की परवाह भी करते हैं।

गैर-मौखिक संवाद यह निर्धारित करने में महत्वपूर्ण भूमिका निभाता है कि संदेश कैसे दिया और प्राप्त किया जाता है। शरीर की भाषा, चेहरे के हावभाव, और आवाज का स्वर संवाद की प्रभावशीलता को प्रभावित कर सकते हैं। सकारात्मक गैर-मौखिक संकेत, जैसे आँखों का संपर्क बनाए रखना, सिर हिलाना, और थोड़ा आगे झुकना, रुचि और ध्यान देने का संकेत देते हैं। इसके विपरीत, नकारात्मक गैर-मौखिक संकेत, जैसे हाथ बाँधना, इधर-उधर देखना, या कठोर स्वर का उपयोग करना, प्रभावी संवाद में बाधा डाल सकते हैं। इन गैर-मौखिक संकेतों के प्रति सतर्क रहना और सुनिश्चित करना कि वे मौखिक संदेश के साथ मेल खाते हैं, एक सहायक और खुला संवाद वातावरण बनाने में महत्वपूर्ण है।

किशोरों के साथ प्रभावी संवाद का एक और प्रमुख तत्व स्पष्टता और संक्षिप्तता है। किशोर, बाकी सभी की तरह, लंबे और जटिल स्पष्टीकरणों से अभिभूत या भ्रमित हो सकते हैं। संदेशों को स्पष्ट और सीधे तरीके से देना महत्वपूर्ण है। इसमें सीधे और मुख्य बात पर आना शामिल है, जबकि अनावश्यक जटिल भाषा से बचना चाहिए। उदाहरण के लिए, "तुम्हें अपने समय को अधिक प्रभावी ढंग से प्रबंधित करने की आवश्यकता है क्योंकि इसका आपके शैक्षणिक प्रदर्शन और भविष्य के अवसरों पर महत्वपूर्ण प्रभाव पड़ेगा," कहने के बजाय, आप कह सकते

हैं, "अपना समय बेहतर तरीके से प्रबंधित करने की कोशिश करो ताकि तुम स्कूल में अच्छा कर सको और भविष्य में अधिक विकल्प मिलें।"

निरंतरता संवाद में भी महत्वपूर्ण है। सुसंगत संदेश किशोरों को अपेक्षाओं और सीमाओं को समझने में मदद करते हैं, स्थिरता और सुरक्षा की भावना प्रदान करते हैं। इसका मतलब यह है कि न केवल जो कहा गया है उसमें निरंतरता होनी चाहिए, बल्कि यह भी कि इसे कैसे कहा और लागू किया गया है। उदाहरण के लिए, यदि माता-पिता लगातार ईमानदारी के महत्व पर जोर देते हैं लेकिन जब किशोर अपनी गलती के बारे में सच बताते हैं, तो गुस्से से प्रतिक्रिया करते हैं, तो यह एक विरोधाभासी संदेश पैदा कर सकता है। सुनिश्चित करना कि कार्य शब्दों के साथ मेल खाते हैं, संवादित मूल्यों और अपेक्षाओं को मजबूत करता है।

प्रभावी संवाद में फीडबैक के लिए खुले रहना और आवश्यकतानुसार समायोजन करने की इच्छा भी शामिल है। संवाद दो-तरफा सड़क है, और किशोरों को यह महसूस होना चाहिए कि उनकी बात को महत्व दिया जा रहा है और उस पर विचार किया जा रहा है। इसका मतलब है कि उनके दृष्टिकोण को सुनने के लिए तैयार रहना, भले ही यह आपके अपने से भिन्न हो, और यदि आवश्यक हो तो अपने दृष्टिकोण को समायोजित करने के लिए तैयार रहना। उदाहरण के लिए, यदि कोई किशोर यह व्यक्त करता है कि वह बहुत सारी गतिविधियों से अभिभूत महसूस करता है, तो माता-पिता को पुनर्मूल्यांकन करने और यह चर्चा करने की आवश्यकता हो सकती है कि उनके कार्यक्रम को बेहतर तरीके से कैसे संतुलित किया जा सकता है। यह दिखाता है कि उनकी भावनाएँ और राय मायने रखती हैं और आप समाधान खोजने के लिए एक साथ काम करने के लिए तैयार हैं।

किशोरों में आत्म-अभिव्यक्ति को प्रोत्साहित करना प्रभावी संवाद का एक और महत्वपूर्ण पहलू है। किशोरों को यह महसूस करना चाहिए कि वे बिना किसी निर्णय या उपहास के खुद को स्वतंत्र रूप से व्यक्त कर सकते हैं। इसमें एक ऐसा सुरक्षित स्थान बनाना शामिल है जहाँ वे अपने विचारों, भावनाओं और अनुभवों को खुले तौर पर साझा कर सकें। इसका मतलब उनकी व्यक्तिगतता और रुचियों का समर्थन करना भी है। उदाहरण के लिए, यदि कोई किशोर किसी विशेष शौक या गतिविधि के प्रति उत्साही है, तो उसमें रुचि और समर्थन दिखाना स्वीकृति और मान्यता की भावना को बढ़ावा दे सकता है। आत्म-अभिव्यक्ति को प्रोत्साहित

करने से किशोरों को एक मजबूत पहचान और आत्म-मूल्य विकसित करने में मदद मिलती है, जो उनकी समग्र भलाई के लिए महत्वपूर्ण है।

प्रभावी संवाद में भावनाओं को प्रबंधित करना, दोनों अपने और अपने किशोर के, शामिल है। किशोरावस्था तीव्र भावनाओं का समय है, और संघर्ष अनिवार्य हैं। इन संघर्षों को संभालने का तरीका रिश्ते पर महत्वपूर्ण प्रभाव डाल सकता है। शांत और संयमित रहना, भले ही स्थिति तनावपूर्ण हो, अत्यंत महत्वपूर्ण है। प्रतिक्रिया देने से पहले एक पल के लिए रुककर साँस लेना और अपने विचारों को एकत्र करना संघर्ष को बढ़ने से रोक सकता है। तनाव और निराशा को रचनात्मक रूप से प्रबंधित करने का उदाहरण देना भी सहायक है। इसमें गहरी साँस लेना, थोड़ा ब्रेक लेना, या "मैं" वाक्यांशों का उपयोग करना शामिल है ताकि बिना आरोप लगाए या दूसरे व्यक्ति की आलोचना किए अपनी भावनाओं को व्यक्त किया जा सके। उदाहरण के लिए, यह कहना, "जब काम पूरे नहीं होते तो मुझे निराशा होती है क्योंकि यह मेरे काम का बोझ बढ़ा देता है," यह कहने की तुलना में अधिक रचनात्मक है, "तुम कभी अपने काम पूरे नहीं करते।"

गहन बातचीत के लिए नियमित समय निर्धारित करना किशोरों के साथ संवाद को बढ़ा सकता है। व्यस्त कार्यक्रम और दैनिक व्यस्तताएँ गहन चर्चाओं के लिए समय निकालना कठिन बना सकती हैं। नियमित समय निर्धारित करना, जैसे भोजन के समय या सोने से पहले, सार्थक बातचीत के लिए अवसर पैदा कर सकता है। ये क्षण जुड़ाव को मजबूत करने और यह सुनिश्चित करने में मदद करते हैं कि संवाद एक प्राथमिकता बना रहे। यह भी महत्वपूर्ण है कि सहज बातचीत के लिए खुले और लचीले रहें, क्योंकि किशोर अप्रत्याशित समय पर खुलने का विकल्प चुन सकते हैं।

नियमित बातचीत के अलावा, किशोरों से जुड़ने के लिए विभिन्न संवाद विधियों का उपयोग करना फायदेमंद हो सकता है। जबकि आमने-सामने की बातचीत आदर्श होती है, कभी-कभी किशोर अपने विचारों को लिखने, टेक्स्टिंग, या अन्य डिजिटल माध्यमों के माध्यम से अधिक सहज महसूस कर सकते हैं। इन विभिन्न तरीकों के प्रति खुले रहना संवाद अंतर को पाटने में मदद कर सकता है और यह सुनिश्चित कर सकता है कि किशोर सुने और समझे जाएँ। उदाहरण के लिए, यदि किसी किशोर को किसी संवेदनशील विषय पर व्यक्तिगत रूप से बात करने में

कठिनाई होती है, तो वे पत्र लिखने या संदेश भेजने में अधिक सहज हो सकते हैं। उनकी पसंदीदा संवाद विधि का सम्मान करना विश्वास और खुलेपन की भावना को बढ़ावा दे सकता है।

प्रभावी संवाद कौशल बनाने में सांस्कृतिक मतभेदों को समझना और उनका सम्मान करना भी शामिल है। सांस्कृतिक पृष्ठभूमि संवाद शैलियों और अपेक्षाओं को काफी प्रभावित कर सकती है। इन अंतरों के प्रति जागरूक और संवेदनशील होना बेहतर संवाद को बढ़ावा दे सकता है। उदाहरण के लिए, कुछ संस्कृतियाँ प्राधिकरण के प्रति सम्मान को उच्च मूल्य देती हैं और असहमति या भावनाओं को व्यक्त करने के विभिन्न मानदंड हो सकते हैं। इन सांस्कृतिक बारीकियों को समझना माता-पिता और देखभाल करने वालों को अपने किशोरों के साथ अधिक प्रभावी और सम्मानजनक तरीके से संवाद करने में मदद कर सकता है।

सकारात्मक सुदृढ़ीकरण और रचनात्मक प्रतिक्रिया प्रदान करना प्रभावी संवाद में भी महत्वपूर्ण है। सकारात्मक व्यवहार और प्रयासों को स्वीकार करना और उनकी सराहना करना किशोर के आत्मविश्वास और प्रेरणा को बढ़ा सकता है। दूसरी ओर, रचनात्मक प्रतिक्रिया विशिष्ट होनी चाहिए, व्यवहार पर केंद्रित होनी चाहिए न कि चरित्र पर, और इसे विकास और सुधार को प्रोत्साहित करने के तरीके से दिया जाना चाहिए। उदाहरण के लिए, "तुम बहुत आलसी हो" कहने के बजाय, यह अधिक प्रभावी है कि, "मैंने देखा है कि तुम अपने गृहकार्य को समय पर पूरा करने में संघर्ष कर रहे हो। चलो बात करते हैं कि हम बेहतर अध्ययन योजना कैसे बना सकते हैं।"

प्रभावी संवाद में यथार्थवादी अपेक्षाएँ स्थापित करना और धैर्य रखना भी शामिल है। किशोर अभी भी अपने संवाद कौशल विकसित कर रहे हैं, और यह महत्वपूर्ण है कि वे इस प्रक्रिया को समझने और नेविगेट करने के दौरान धैर्य और समझ दिखाएँ। यथार्थवादी अपेक्षाएँ स्थापित करने का अर्थ है यह पहचानना कि चुनौतियाँ और असफलताएँ होंगी, लेकिन साथ ही प्रगति और विकास का जश्न भी मनाना। धैर्य कठिन या निराशाजनक वार्तालापों के दौरान भी सहायक और खुले संवाद के माहौल को बनाए रखने की कुंजी है।

अंत में, आत्म-जागरूकता और आत्म-चिंतन प्रभावी संवाद के अनिवार्य घटक हैं।

अपने संवाद शैली, ताकत, और सुधार के क्षेत्रों पर चिंतन करने के लिए समय निकालना किशोरों के साथ अपने संवाद को बढ़ाने में मदद कर सकता है। इसका मतलब यह है कि प्रभावी संवाद में बाधा डालने वाली किसी भी पूर्वाग्रह या आदतों के बारे में अपने प्रति ईमानदार होना और बदलाव करने की इच्छा रखना। आत्म-जागरूकता में अपने भावनात्मक ट्रिगर को पहचानना और उन्हें रचनात्मक रूप से प्रबंधित करना भी शामिल है। अपने संवाद कौशल पर लगातार चिंतन और सुधार करके, आप अपने जीवन के किशोरों के साथ मजबूत, स्वस्थ संबंध बना सकते हैं।

प्रभावी संवाद कौशल किशोरों के साथ मजबूत और स्वस्थ संबंध बनाने के लिए महत्वपूर्ण हैं। इसमें सक्रिय सुनवाई, सहानुभूति, गैर-मौखिक संवाद, स्पष्टता, निरंतरता, फीडबैक के लिए खुलापन, आत्म-अभिव्यक्ति का प्रोत्साहन, भावनाओं का प्रबंधन, नियमित बातचीत, विभिन्न संवाद विधियों का उपयोग, सांस्कृतिक संवेदनशीलता, सकारात्मक सुदृढीकरण, यथार्थवादी अपेक्षाएँ, धैर्य और आत्म-जागरूकता का संयोजन शामिल है। इन कौशलों में महारत हासिल करके, माता-पिता और देखभाल करने वाले विश्वास और परस्पर सम्मान के माहौल का निर्माण कर सकते हैं, जो खुले और ईमानदार संवाद को बढ़ावा देता है। ये संवाद कौशल न केवल रिश्ते को बढ़ाते हैं बल्कि किशोरों को उनके अपने संबंधों और जीवन की चुनौतियों को नेविगेट करने के लिए मूल्यवान उपकरण भी प्रदान करते हैं।

"एक सहायक घर किशोर की सफलता की नींव है। प्यार, धैर्य और समझ से भरा स्थान प्रदान करें। यह वातावरण उनके विकास और सहनशीलता को पोषित करेगा।"

4

परिवर्तन को अपनाना

परिवर्तन को अपनाना किशोरावस्था की यात्रा को पार करने का एक मौलिक पहलू है। इस अवधि के दौरान परिवर्तन अपरिहार्य है, जो शारीरिक, भावनात्मक, संज्ञानात्मक और सामाजिक परिवर्तनों की एक विस्तृत श्रृंखला को समेटे हुए है। किशोरों के लिए, इन परिवर्तनों को समझना और उनके अनुकूल होना उनके विकास और भलाई के लिए महत्वपूर्ण है। परिवर्तन को अपनाने का मतलब केवल वृद्धि और परिवर्तन की अपरिहार्यता को स्वीकार करना नहीं है, बल्कि इसे सकारात्मक और सक्रिय तरीके से अपनाना भी है।

शारीरिक रूप से, किशोरावस्था को यौवन (प्यूबर्टी) के रूप में पहचाना जाता है, एक ऐसा समय जब शरीर में महत्वपूर्ण बदलाव होते हैं। इन बदलावों में द्वितीयक यौन लक्षणों का विकास शामिल है, जैसे लड़कियों में स्तन का विकास और लड़कों में आवाज का भारी होना, साथ ही ऊँचाई और मांसपेशियों के भार में वृद्धि। ये शारीरिक परिवर्तन किशोरों के लिए उत्साहजनक और चुनौतीपूर्ण दोनों हो सकते हैं। एक ओर, ये बचपन से वयस्कता की ओर संक्रमण का संकेत देते हैं, जिससे परिपक्वता और स्वतंत्रता की भावना आती है। दूसरी ओर, ये किशोरों को आत्मचेतना और असुरक्षा की भावनाओं से भर सकते हैं क्योंकि वे अपने बदलते शरीर के अनुकूल होते हैं। इन शारीरिक परिवर्तनों को अपनाने का मतलब है सकारात्मक शरीर की छवि और आत्म-स्वीकृति को बढ़ावा देना। किशोरों को अपने शरीर को तुलना और आलोचना के बजाय सराहना और सम्मान के साथ देखने के लिए प्रोत्साहित करना उन्हें आत्मविश्वास के साथ इस अवधि को नेविगेट करने में मदद कर सकता है।

भावनात्मक रूप से, किशोरावस्था संवेदनशीलता और तीव्र भावनाओं का समय है। हार्मोनल बदलाव मूड स्विंग का कारण बन सकते हैं, जिससे किशोर खुशी, दुख, गुस्सा, और हताशा की भावनाओं के प्रति अधिक संवेदनशील हो सकते हैं। ये भावनात्मक उतार-चढ़ाव विकास का सामान्य हिस्सा हैं, लेकिन ये भारी हो सकते हैं। भावनात्मक परिवर्तन को अपनाने का अर्थ है इन भावनाओं को पहचानना और उन्हें मान्यता देना, न कि उन्हें खारिज करना। किशोरों के लिए यह सीखना महत्वपूर्ण है कि उनकी भावनाएँ वैध हैं और विभिन्न भावनाओं को महसूस करना ठीक है। उन्हें अपनी भावनाओं को प्रबंधित करने के लिए उपकरण प्रदान करना, जैसे माइंडफुलनेस अभ्यास, जर्नलिंग, या किसी भरोसेमंद वयस्क से बात करना, उन्हें भावनात्मक सहनशीलता विकसित करने में मदद कर सकता है। भावनाओं के बारे में खुले संवाद को प्रोत्साहित करना और ऐसा सहायक वातावरण बनाना जहाँ किशोर अपनी भावनाओं को व्यक्त करने में सुरक्षित महसूस करें, भी एक बड़ा अंतर ला सकता है।

संज्ञानात्मक रूप से, किशोरावस्था मस्तिष्क के महत्वपूर्ण विकास की अवधि है। प्रीफ्रंटल कॉर्टेक्स, जो निर्णय लेने, आवेग नियंत्रण और योजना बनाने के लिए जिम्मेदार है, किशोरावस्था के वर्षों में लगातार परिपक्व होता रहता है। यह निरंतर विकास का अर्थ है कि किशोर अधिक जटिल विचार प्रक्रियाओं में सक्षम हैं लेकिन उन्हें अभी भी आवेग नियंत्रण और जोखिम मूल्यांकन में कठिनाई हो सकती है। संज्ञानात्मक परिवर्तन को अपनाने का मतलब है महत्वपूर्ण सोच और समस्या-समाधान कौशल को प्रोत्साहित करना। इसे किशोरों को ऐसी गतिविधियों में संलग्न होने के अवसर प्रदान करके प्राप्त किया जा सकता है जो उनके मस्तिष्क को चुनौती देती हैं, जैसे पहेलियाँ, रणनीति खेल, या वाद-विवाद। उन्हें स्कूल, सोशल मीडिया, या बातचीत में मिलने वाली जानकारी के बारे में गंभीरता से सोचने के लिए प्रोत्साहित करना उनके संज्ञानात्मक क्षमताओं को विकसित करने में मदद करता है। यह निर्णय लेने की प्रक्रिया के दौरान मार्गदर्शन और समर्थन प्रदान करना भी महत्वपूर्ण है, जिससे उन्हें कार्यों के संभावित परिणामों को तौलने और विचार करने में मदद मिल सके।

सामाजिक रूप से, किशोरावस्था को परिवार से साथियों पर ध्यान केंद्रित करने के बदलाव के रूप में पहचाना जाता है। दोस्ती बढ़ती महत्व रखती है, और किशोर

अक्सर अपने साथियों के समूह से स्वीकृति और अनुमोदन चाहते हैं। इससे उनके व्यवहार और दृष्टिकोण में बदलाव हो सकता है क्योंकि वे फिट होने और स्वीकार किए जाने की कोशिश करते हैं। सामाजिक परिवर्तन को अपनाने का मतलब है साथी संबंधों के महत्व को पहचानना और साथ ही मजबूत पारिवारिक संबंध बनाए रखना। इसमें किशोरों को स्वस्थ, सकारात्मक दोस्ती बनाने में समर्थन देना और साथी दबाव को नेविगेट करने पर मार्गदर्शन प्रदान करना शामिल है। खेल, क्लब, या स्वयंसेवी कार्य जैसे सह-पाठ्यक्रम गतिविधियों में भाग लेने के लिए उन्हें प्रोत्साहित करना सामाजिक कौशल विकसित करने और साथियों के सहायक नेटवर्क का निर्माण करने में मदद कर सकता है। यह खुली संचार रेखाएँ बनाए रखने के लिए भी महत्वपूर्ण है, जिससे किशोर अपने अनुभव साझा कर सकें और आवश्यकता होने पर सलाह ले सकें।

इन विकासात्मक परिवर्तनों के अलावा, किशोर अपने परिवेश और परिस्थितियों में भी बदलाव का सामना करते हैं। इसमें नए स्कूल में स्थानांतरित होना, पारिवारिक गतिशीलता में बदलाव, या सामाजिक अपेक्षाओं में बदलाव जैसी परिस्थितियाँ शामिल हो सकती हैं। इन बाहरी परिवर्तनों को अपनाने का मतलब है अनुकूलन क्षमता और सहनशीलता विकसित करना। किशोरों को परिवर्तन को एक खतरे के बजाय सीखने और बढ़ने के अवसर के रूप में देखने में मदद करना एक सकारात्मक मानसिकता को बढ़ावा दे सकता है। जिज्ञासा और नए अनुभवों के लिए खुलेपन की भावना को प्रोत्साहित करना उन्हें इन संक्रमणों को आत्मविश्वास के साथ नेविगेट करने में मदद कर सकता है। व्यावहारिक समर्थन प्रदान करना, जैसे उन्हें संगठनात्मक कौशल विकसित करने में मदद करना या उन्हें तनाव प्रबंधन सिखाना, भी एक महत्वपूर्ण अंतर ला सकता है।

परिवर्तन को अपनाने का एक मुख्य पहलू विकासशील मानसिकता (ग्रोथ माइंडसेट) को विकसित करना है। विकासशील मानसिकता का मतलब है यह विश्वास रखना कि क्षमताएँ और बुद्धिमत्ता प्रयास, सीखने और दृढ़ता के माध्यम से विकसित की जा सकती हैं। यह मानसिकता स्थिर मानसिकता (फिक्स्ड माइंडसेट) के विपरीत है, जो मानती है कि क्षमताएँ स्थिर और अपरिवर्तनीय हैं। किशोरों को विकासशील मानसिकता अपनाने के लिए प्रोत्साहित करना उन्हें सकारात्मक दृष्टिकोण के साथ परिवर्तन को अपनाने में मदद कर सकता है। इसमें उनके प्रयासों की प्रशंसा करना, न कि केवल उनकी प्रतिभा की, उन्हें

चुनौतियों को स्वीकारने के लिए प्रोत्साहित करना, और गलतियों को सीखने के अवसर के रूप में देखना शामिल है। विकासशील मानसिकता को बढ़ावा देकर, किशोर परिवर्तन को सफलतापूर्वक नेविगेट करने के लिए आवश्यक सहनशीलता और दृढ़ संकल्प विकसित कर सकते हैं।

परिवर्तन को अपनाने में आत्म-जागरूकता विकसित करना भी शामिल है। आत्म-जागरूकता वह क्षमता है जो किसी के विचारों, भावनाओं और व्यवहारों पर विचार करती है और यह समझती है कि ये स्वयं और दूसरों को कैसे प्रभावित करते हैं। यह व्यक्तिगत विकास और विकास के लिए एक महत्वपूर्ण कौशल है। किशोरों को आत्म-चिंतन में संलग्न होने के लिए प्रोत्साहित करना, चाहे वह जर्नलिंग, ध्यान, या भरोसेमंद वयस्कों के साथ बातचीत के माध्यम से हो, उन्हें खुद को गहराई से समझने में मदद कर सकता है। यह आत्म-जागरूकता अधिक आत्म-स्वीकृति और आत्मविश्वास के साथ परिवर्तन को नेविगेट करने की क्षमता का मार्ग प्रशस्त कर सकती है।

परिवर्तन को अपनाने का एक और महत्वपूर्ण पहलू समर्थन प्रणाली का निर्माण करना है। सहायक दोस्तों, परिवार के सदस्यों और मार्गदर्शकों का नेटवर्क होना परिवर्तन के समय में सुरक्षा और स्थिरता की भावना प्रदान कर सकता है। किशोरों को इन रिश्तों को बनाने और बनाए रखने के लिए प्रोत्साहित करना उन्हें जुड़े और समर्थित महसूस करने में मदद कर सकता है। माता-पिता और देखभाल करने वालों के लिए भी यह महत्वपूर्ण है कि वे समर्थन का एक सुसंगत स्रोत बनें, मार्गदर्शन और प्रोत्साहन प्रदान करें, जबकि किशोर की बढ़ती स्वतंत्रता का भी सम्मान करें।

परिवर्तन को नेविगेट करने में आत्म-देखभाल का अभ्यास करना भी आवश्यक है। परिवर्तन तनावपूर्ण हो सकता है, और किशोरों के लिए इस तनाव को प्रबंधित करने के लिए रणनीतियाँ होना महत्वपूर्ण है। उन्हें उन गतिविधियों में शामिल होने के लिए प्रोत्साहित करना, जो शारीरिक, भावनात्मक और मानसिक भलाई को बढ़ावा देती हैं, जैसे व्यायाम, शौक, या विश्राम तकनीक, उन्हें सहनशीलता बनाने में मदद कर सकती हैं। आत्म-देखभाल के महत्व को सिखाना और इसे अभ्यास करने के अवसर प्रदान करना उन्हें स्वस्थ आदतों को विकसित करने में मदद कर सकता है जो उनके पूरे जीवन में उनकी सेवा करेंगे।

परिवर्तन को अपनाने में नए दृष्टिकोणों और अनुभवों के लिए खुले रहना भी शामिल है। किशोरों को अपने आराम क्षेत्र से बाहर कदम रखने और नई चीजों को आजमाने के लिए प्रोत्साहित करना उन्हें दुनिया और अपने बारे में व्यापक समझ विकसित करने में मदद कर सकता है। इसमें विभिन्न संस्कृतियों का पता लगाना, नई गतिविधियों को आजमाना, या नए लोगों से मिलना शामिल हो सकता है। नए अनुभवों के लिए खुलेपन को बढ़ावा देना जिज्ञासा और अनुकूलनशीलता की भावना को बढ़ाता है, जो परिवर्तन को नेविगेट करने के लिए महत्वपूर्ण कौशल हैं।

यह महत्वपूर्ण है कि परिवर्तन के साथ आने वाले मील के पत्थरों और उपलब्धियों को पहचाना और मनाया जाए। चाहे वह हाई स्कूल शुरू करना हो, गाड़ी चलाना सीखना हो, या स्नातक होना हो, इन उपलब्धियों को स्वीकार करना किशोरों को गर्व और प्रेरणा की भावना महसूस करने में मदद कर सकता है। इन क्षणों का जश्न मनाने से यह विचार मजबूत होता है कि परिवर्तन जीवन का एक स्वाभाविक और सकारात्मक हिस्सा है।

परिवर्तन को अपनाना केवल यह स्वीकार करने के बारे में नहीं है कि क्या होता है, बल्कि इसे सकारात्मक और सक्रिय तरीके से अपनाने के बारे में है। इसमें परिवर्तन को सफलतापूर्वक नेविगेट करने के लिए आवश्यक कौशल और मानसिकता विकसित करना शामिल है। विकासशील मानसिकता को बढ़ावा देकर, आत्म-जागरूकता विकसित करके, समर्थन प्रणाली का निर्माण करके, आत्म-देखभाल का अभ्यास करके, नए अनुभवों के लिए खुले रहकर, और उपलब्धियों का जश्न मनाकर, किशोर आत्मविश्वास और सहनशीलता के साथ परिवर्तन को अपनाना सीख सकते हैं।

माता-पिता और देखभाल करने वाले किशोरों को परिवर्तन अपनाने में मदद करने में महत्वपूर्ण भूमिका निभाते हैं। एक स्थिर और सहायक वातावरण प्रदान करना, मार्गदर्शन और प्रोत्साहन देना, और सकारात्मक रोल मॉडल बनना, सभी महत्वपूर्ण अंतर ला सकते हैं। व्यक्तिगत, पारिवारिक, या सामाजिक स्तर पर परिवर्तन के बारे में खुले और ईमानदार संवाद करना और जब उचित हो, तो निर्णय लेने की प्रक्रिया में किशोरों को शामिल करना महत्वपूर्ण है। यह उन्हें नियंत्रण और

एजेंसी की भावना महसूस करने में मदद करता है, जो चिंता को कम कर सकता है और आत्मविश्वास का निर्माण कर सकता है।

परिवर्तन को अपनाना एक सतत प्रक्रिया है जिसमें धैर्य, सहानुभूति और समर्थन की आवश्यकता होती है। इसमें परिवर्तन के साथ आने वाली चुनौतियों और अवसरों को पहचानना और किशोरों को इन संक्रमणों को सफलतापूर्वक नेविगेट करने के लिए आवश्यक कौशल और मानसिकता विकसित करने में मदद करना शामिल है। परिवर्तन को अपनाकर, किशोर एक निरंतर बदलती दुनिया में फलने-फूलने के लिए आवश्यक सहनशीलता, अनुकूलनशीलता और आत्मविश्वास विकसित कर सकते हैं।

"स्वस्थ संवाद मजबूत रिश्तों की कुंजी है। सक्रिय रूप से सुनें और दयालुता से बोलें। खुला संवाद विश्वास और परस्पर सम्मान को बढ़ावा देता है।"

5

स्वतंत्रता को प्रोत्साहित करना

किशोरों में स्वतंत्रता को प्रोत्साहित करना उनके विकास का एक महत्वपूर्ण पहलू है। यह उन्हें आत्मनिर्भर और जिम्मेदार वयस्क बनने के लिए आवश्यक कौशल, आत्मविश्वास, और मानसिकता विकसित करने में मदद करता है। स्वतंत्रता केवल किशोरों को अपने दम पर चीजें करने देने के बारे में नहीं है; यह उनके भीतर स्वायत्तता, आत्म-प्रभावशीलता और सहनशीलता की भावना को बढ़ावा देने के बारे में है, जो उनके जीवन भर उनकी मदद करेगी।

स्वतंत्रता को प्रोत्साहित करने की प्रक्रिया उस वातावरण को बनाने के साथ शुरू होती है जो विकास का समर्थन और पोषण करता है। यह वातावरण ऐसा होना चाहिए जहाँ किशोर सुरक्षित महसूस करें, खोजबीन कर सकें, गलतियाँ कर सकें, और अपने अनुभवों से सीख सकें। माता-पिता और देखभाल करने वालों की भूमिका इस सहायक माहौल को स्थापित करने में महत्वपूर्ण होती है। वे मार्गदर्शन प्रदान करके, सीमाएँ तय करके, और प्रोत्साहन देकर इस वातावरण को बनाते हैं, जबकि आत्म-खोज के लिए स्थान भी देते हैं। समर्थन प्रदान करने और किशोरों को अपने जीवन का नेतृत्व करने देने के बीच संतुलन बनाना महत्वपूर्ण है।

स्वतंत्रता को बढ़ावा देने के प्रमुख पहलुओं में से एक आत्मविश्वास का निर्माण करना है। किशोरों को अपनी क्षमताओं पर विश्वास होना चाहिए और यह भरोसा होना चाहिए कि वे चुनौतियों और असफलताओं से निपट सकते हैं। माता-पिता

और देखभाल करने वाले किशोरों को सफल होने के अवसर प्रदान करके और उनके प्रयासों और उपलब्धियों को स्वीकार करके यह आत्मविश्वास बढ़ा सकते हैं। इसमें केवल परिणाम की प्रशंसा करना ही नहीं, बल्कि प्रक्रिया और उनके प्रयासों की भी सराहना करना शामिल है। उदाहरण के लिए, एक स्कूल प्रोजेक्ट के लिए दिखाई गई कड़ी मेहनत और समर्पण को स्वीकार करना, भले ही अंतिम ग्रेड जैसा अपेक्षित न हो, यह धैर्य और प्रयास के मूल्य को मजबूत करता है।

किशोरों को जिम्मेदारियाँ लेने के लिए प्रोत्साहित करना स्वतंत्रता को बढ़ावा देने का एक और महत्वपूर्ण कदम है। इसमें उनके अपने कार्यक्रमों का प्रबंधन करना, घरेलू कार्यों को संभालना, या अपने व्यक्तिगत जीवन के बारे में निर्णय लेना शामिल हो सकता है। किशोरों को अपने जीवन के इन पहलुओं का प्रबंधन करने की जिम्मेदारी देना उन्हें समय प्रबंधन, संगठन, और निर्णय लेने जैसे महत्वपूर्ण जीवन कौशल विकसित करने में मदद करता है। यह उन्हें जवाबदेही के महत्व और उनके कार्यों के परिणामों को भी सिखाता है। उनके निर्णयों के प्राकृतिक परिणामों का अनुभव करने देना, चाहे वे सकारात्मक हों या नकारात्मक, एक मूल्यवान शिक्षण अवसर है। उदाहरण के लिए, यदि कोई किशोर अपना होमवर्क पूरा नहीं करता और उसे खराब ग्रेड मिलता है, तो यह परिणाम जिम्मेदारियों को पूरा करने के महत्व को सुदृढ़ करता है।

किशोरों को समस्याओं का समाधान करने के अवसर प्रदान करना भी स्वतंत्रता को प्रोत्साहित करने का एक तरीका है। जब वे चुनौतियों का सामना करते हैं, तो उन्हें स्वयं समाधान निकालने के लिए प्रोत्साहित किया जाना चाहिए। इसमें खुले-समाप्ति वाले प्रश्न पूछना शामिल है जो उन्हें विभिन्न विकल्पों और उनके संभावित परिणामों पर विचार करने के लिए प्रेरित करते हैं। उदाहरण के लिए, यदि कोई किशोर दोस्त के साथ विवाद कर रहा है, तो यह पूछना, "अगर आप उनसे अपनी भावनाओं के बारे में बात करें तो क्या होगा?" या "आप इस स्थिति से निपटने के लिए और कौन से तरीके अपना सकते हैं?" उन्हें समस्या समाधान कौशल विकसित करने और अपने निर्णयों की जिम्मेदारी लेने के लिए प्रोत्साहित करता है।

किशोरों को अपने जीवन के बारे में निर्णय लेने की स्वतंत्रता देना स्वतंत्रता को बढ़ावा देने का एक मौलिक पहलू है। इसमें उन्हें अपनी रुचियों, शौकों और

सामाजिक गतिविधियों के बारे में निर्णय लेने की स्वतंत्रता देना शामिल है। उनके निर्णयों का समर्थन करना, भले ही वे आपकी अपनी प्राथमिकताओं से भिन्न हों, यह दिखाता है कि आप उनकी स्वायत्तता का सम्मान करते हैं और उनके निर्णय पर भरोसा करते हैं। मार्गदर्शन और सीमाएँ प्रदान करना महत्वपूर्ण है, लेकिन इन सीमाओं के भीतर, किशोरों को अपने अनुभवों से सीखने की स्वतंत्रता होनी चाहिए। उदाहरण के लिए, यदि कोई किशोर किसी नए खेल या शौक को आजमाने में रुचि दिखाता है, तो उन्हें इसे आगे बढ़ाने और उनके प्रयासों का समर्थन करने के लिए प्रोत्साहित करना, भले ही वह आपके लिए अपरिचित हो, स्वतंत्रता और आत्म-खोज की भावना को बढ़ावा देता है।

वित्तीय जिम्मेदारी सिखाना स्वतंत्रता को प्रोत्साहित करने का एक और महत्वपूर्ण पहलू है। किशोरों को पैसे का मूल्य, बजट कैसे बनाना है, और समझदारी से बचत और खर्च का महत्व समझाना उन्हें वयस्कता में वित्तीय स्वतंत्रता के लिए तैयार करता है। इसमें उन्हें भत्ता देना, उन्हें अपनी इच्छाओं के लिए बचत करने के लिए प्रोत्साहित करना, या उन्हें पार्ट-टाइम नौकरियाँ खोजने में मदद करना शामिल हो सकता है। उन्हें अपने पैसे का प्रबंधन कैसे करें, जैसे बैंक खाता खोलना या बजट बनाना सिखाना, उन्हें व्यावहारिक वित्तीय कौशल विकसित करने में मदद करता है। यह पैसे का प्रबंधन करने के साथ आने वाली जिम्मेदारियों पर चर्चा करना, जैसे बिलों का भुगतान करना या कर्ज के परिणामों को समझना, भी महत्वपूर्ण है। ये सबक किशोरों को वित्तीय जिम्मेदारी और स्वतंत्रता की भावना विकसित करने में मदद करते हैं।

स्वतंत्रता को प्रोत्साहित करना किशोरों में विकासशील मानसिकता को बढ़ावा देने के बारे में भी है। विकासशील मानसिकता वह विश्वास है कि क्षमताएँ और बुद्धिमत्ता प्रयास, सीखने, और दृढ़ता के माध्यम से विकसित की जा सकती हैं। यह मानसिकता किशोरों को सकारात्मक दृष्टिकोण और अपने अनुभवों से सीखने की इच्छा के साथ चुनौतियों का सामना करने में मदद करती है। विकासशील मानसिकता को प्रोत्साहित करना प्रयास और दृढ़ता की प्रशंसा करने और गलतियों को विफलताओं के बजाय विकास के अवसरों के रूप में देखने में शामिल है। उदाहरण के लिए, यदि कोई किशोर स्कूल में किसी विषय से संघर्ष करता है, तो उनके प्रयास की सराहना करना और उन्हें प्रोत्साहित करना कि वे कोशिश करते रहें और आवश्यकता पड़ने पर मदद लें, दृढ़ता और सहनशीलता के

मूल्य को सुदृढ़ करता है।

किशोरों को आत्म-देखभाल की दिनचर्या विकसित करने में सहायता करना स्वतंत्रता को प्रोत्साहित करने का एक और महत्वपूर्ण पहलू है। उन्हें उनके शारीरिक, भावनात्मक, और मानसिक स्वास्थ्य को बनाए रखने के महत्व के बारे में सिखाना उन्हें स्वस्थ आदतें विकसित करने में मदद करता है, जो उनके जीवन भर काम आएँगी। इसमें उन्हें नियमित व्यायाम, स्वस्थ भोजन, पर्याप्त नींद और विश्राम तकनीकों को अपनाने के लिए प्रोत्साहित करना शामिल है। उनके भावनात्मक और मानसिक स्वास्थ्य का समर्थन करना भी महत्वपूर्ण है, जैसे उन्हें ऐसी गतिविधियों में शामिल करना जो उन्हें आनंदित करें, माइंडफुलनेस का अभ्यास करने के लिए प्रोत्साहित करना, और आवश्यकता होने पर मदद मांगने के लिए कहना। किशोरों को आत्म-देखभाल को प्राथमिकता देना सिखाना उन्हें अपनी भलाई की जिम्मेदारी लेने की भावना विकसित करने में मदद करता है और स्वतंत्रता को बढ़ावा देता है।

एक सहायक नेटवर्क का निर्माण स्वतंत्रता को प्रोत्साहित करने के लिए आवश्यक है। किशोरों को एक सहायक दोस्तों, परिवार के सदस्यों, और मार्गदर्शकों के नेटवर्क की आवश्यकता होती है, जो मार्गदर्शन और प्रोत्साहन प्रदान कर सके। किशोरों को इन रिश्तों को बनाने और बनाए रखने के लिए प्रोत्साहित करना उन्हें जुड़े और समर्थित महसूस करने में मदद करता है। माता-पिता और देखभाल करने वालों के लिए भी यह महत्वपूर्ण है कि वे समर्थन का एक सुसंगत स्रोत बनें, मार्गदर्शन और प्रोत्साहन प्रदान करें, जबकि किशोरों की बढ़ती स्वतंत्रता का भी सम्मान करें। इसका मतलब यह है कि उनकी बात सुनने और जरूरत पड़ने पर सलाह देने के लिए उपलब्ध होना, लेकिन साथ ही उनके जीवन का नेतृत्व करने के लिए पीछे हट जाना भी शामिल है।

किशोरों को लक्ष्य निर्धारित करने और उनकी ओर काम करने के लिए प्रोत्साहित करना स्वतंत्रता को बढ़ावा देने का एक और महत्वपूर्ण पहलू है। लक्ष्य निर्धारित करना किशोरों को उद्देश्य और दिशा की भावना विकसित करने में मदद करता है और उन्हें योजना और दृढ़ता के मूल्य सिखाता है। उन्हें यथार्थवादी और प्राप्त करने योग्य लक्ष्य निर्धारित करने के लिए प्रोत्साहित करना, और उन लक्ष्यों को प्राप्त करने के लिए एक योजना विकसित करने में उनका समर्थन करना, उन्हें

महत्वपूर्ण जीवन कौशल विकसित करने में मदद करता है। उनकी उपलब्धियों का जश्न मनाना और उनकी प्रगति को स्वीकार करना भी महत्वपूर्ण है, जो कड़ी मेहनत और समर्पण के मूल्य को सुदृढ़ करता है।

किशोरों को आत्म-अधिकारिता सिखाना स्वतंत्रता को प्रोत्साहित करने में शामिल है। इसका मतलब है कि उन्हें आत्मविश्वास और कौशल विकसित करने में मदद करना ताकि वे अपनी ज़रूरतों और अधिकारों के लिए बोल सकें। उन्हें अपने विचार व्यक्त करने, आवश्यकता होने पर मदद मांगने, और विभिन्न स्थितियों में अपने लिए खड़े होने के लिए प्रोत्साहित करना सशक्तिकरण और आत्म-प्रभावकारिता की भावना को बढ़ावा देता है। यह महत्वपूर्ण है कि किशोरों को इन कौशलों का अभ्यास करने के अवसर प्रदान किए जाएँ, चाहे वह स्कूल में हो, दोस्तों के साथ, या अन्य सेटिंग्स में। प्रभावी संवाद, आत्म-आश्वासन, और आत्म-अधिकारिता के महत्व को सिखाना उन्हें चुनौतियों को नेविगेट करने और स्वतंत्रता की भावना विकसित करने में मदद करता है।

किशोरों को उनकी रुचियों और जुनूनों का पता लगाने के अवसर प्रदान करना स्वतंत्रता को बढ़ावा देने का एक और महत्वपूर्ण पहलू है। उन्हें नई गतिविधियों को आजमाने, विभिन्न शौकों का पता लगाने, और अपने जुनून का पीछा करने के लिए प्रोत्साहित करना उन्हें पहचान और आत्म-खोज की भावना विकसित करने में मदद करता है। उनके हितों का समर्थन करना और उन्हें ऐसी गतिविधियों में शामिल होने के अवसर प्रदान करना जो उन्हें आनंदित और अर्थपूर्ण लगें, उन्हें स्वायत्तता और स्वतंत्रता की भावना विकसित करने में मदद करता है।

स्वतंत्रता को प्रोत्साहित करना किशोरों को जिम्मेदारी और जवाबदेही की भावना विकसित करने में मदद करता है। इसका मतलब है कि उन्हें उनकी प्रतिबद्धताओं को पूरा करने, अपने कार्यों की जिम्मेदारी लेने, और उनके व्यवहार के परिणामों को समझने के महत्व को सिखाना। किशोरों को जिम्मेदारियाँ लेने के अवसर प्रदान करना, जैसे उनके अपने कार्यक्रमों का प्रबंधन करना, घरेलू कार्यों को संभालना, या अपने व्यक्तिगत जीवन के बारे में निर्णय लेना, उन्हें इन महत्वपूर्ण जीवन कौशलों को विकसित करने में मदद करता है। यह यह सुनिश्चित करना भी महत्वपूर्ण है कि उन्हें उनके कार्यों के लिए जिम्मेदार ठहराया जाए और उन्हें उनके व्यवहार के परिणामों को समझने में मदद की जाए, चाहे वे सकारात्मक हों

या नकारात्मक। यह जिम्मेदारी और जवाबदेही के महत्व को सुदृढ़ करता है और उन्हें स्वतंत्रता की भावना विकसित करने में मदद करता है।

स्वतंत्रता को प्रोत्साहित करना एक सतत प्रक्रिया है जिसमें धैर्य, सहानुभूति, और समर्थन की आवश्यकता होती है। इसमें ऐसा वातावरण बनाना शामिल है जो विकास का समर्थन और पोषण करता है, आत्मविश्वास का निर्माण करता है, समस्या-समाधान और निर्णय लेने के लिए अवसर प्रदान करता है, वित्तीय जिम्मेदारी सिखाता है, विकासशील मानसिकता को बढ़ावा देता है, आत्म-देखभाल का समर्थन करता है, सहायक नेटवर्क का निर्माण करता है, लक्ष्य निर्धारण को प्रोत्साहित करता है, आत्म-अधिकारिता सिखाता है, और अन्वेषण और जिम्मेदारी के अवसर प्रदान करता है। इन कौशलों और मानसिकताओं को बढ़ावा देकर, माता-पिता और देखभाल करने वाले किशोरों को स्वतंत्रता और सहनशीलता विकसित करने में मदद कर सकते हैं, जो किशोरावस्था और वयस्कता की चुनौतियों को नेविगेट करने के लिए आवश्यक है।

"स्वतंत्रता और जिम्मेदारी एक साथ चलते हैं। किशोरों को उनके कार्यों और निर्णयों की जिम्मेदारी लेने के लिए प्रोत्साहित करें। यह सशक्तिकरण आत्मविश्वास का निर्माण करता है और उन्हें वयस्कता के लिए तैयार करता है।"

6

संघर्षों का शांतिपूर्ण समाधान

संघर्षों का शांतिपूर्ण समाधान किशोरावस्था की जटिलताओं को नेविगेट करने के लिए एक महत्वपूर्ण कौशल है। संघर्ष जीवन का एक स्वाभाविक हिस्सा हैं और विभिन्न संदर्भों में उत्पन्न हो सकते हैं, जैसे परिवार, स्कूल, दोस्ती, और रोमांटिक संबंध। किशोरों के लिए, संघर्षों को रचनात्मक रूप से संभालने का तरीका सीखना उनके भावनात्मक और सामाजिक विकास के लिए आवश्यक है। संघर्षों को शांतिपूर्ण तरीके से प्रबंधित करने की क्षमता में अंतर्निहित मुद्दों को समझना, प्रभावी ढंग से संवाद करना, और सभी पक्षों की ज़रूरतों और भावनाओं का सम्मान करते हुए पारस्परिक रूप से स्वीकार्य समाधान खोजना शामिल है।

संघर्षों का शांतिपूर्ण समाधान करने का पहला कदम असहमति के मूल कारणों को समझना है। संघर्ष अक्सर गलतफहमियों, अलग-अलग दृष्टिकोणों, पूरी न हुई ज़रूरतों, या भावनात्मक ट्रिगर्स से उत्पन्न होते हैं। किशोरों के लिए, स्वतंत्रता की तलाश, पहचान की खोज, और सहकर्मी संबंधों के प्रति संवेदनशीलता जैसे विकासात्मक परिवर्तनों का इन संघर्षों पर प्रभाव हो सकता है। इन अंतर्निहित कारकों को पहचानने से सतही लक्षणों के बजाय मुख्य मुद्दों को संबोधित करने में मदद मिलती है। यह एक खुले दिमाग और दूसरे व्यक्ति के दृष्टिकोण को समझने की इच्छा के साथ संघर्षों के पास जाने के बारे में है। इसमें सक्रिय सुनवाई, सहानुभूति, और धैर्य शामिल हैं, जो ऐसा वातावरण बनाने के लिए महत्वपूर्ण हैं जहाँ सभी पक्ष सुने और सम्मानित महसूस करें।

प्रभावी संवाद शांतिपूर्ण संघर्ष समाधान की आधारशिला है। स्पष्ट और खुले संवाद गलतफहमियों को रोकने और यह सुनिश्चित करने में मदद करते हैं कि सभी की ज़रूरतें और भावनाएँ व्यक्त और मान्य हों। किशोरों के लिए संवाद कौशल विकसित करना इसमें शामिल है कि वे अपनी सोच और भावनाओं को रचनात्मक तरीके से व्यक्त करना सीखें। यह विशेष रूप से उस समय चुनौतीपूर्ण हो सकता है जब भावनाएँ प्रबल हों, लेकिन यह संघर्षों को शांतिपूर्ण ढंग से हल करने के लिए आवश्यक है। किशोरों को "मैं" वाले कथनों का उपयोग करने के लिए प्रोत्साहित करना, "आप" वाले कथनों की बजाय, दोष और आरोप को कम कर सकता है। उदाहरण के लिए, "जब मेरी राय को अनदेखा किया जाता है तो मुझे चोट लगती है" कहना "आप मेरी कभी बात नहीं सुनते" कहने से अधिक रचनात्मक है। यह दृष्टिकोण व्यवहार के प्रभाव पर ध्यान केंद्रित करने में मदद करता है, न कि व्यक्ति पर हमला करने में, जिससे अधिक उत्पादक संवाद हो सकता है।

संघर्षों को शांतिपूर्ण तरीके से प्रबंधित करने का एक और महत्वपूर्ण पहलू भावनाओं को नियंत्रित करना सीखना है। किशोरावस्था भावनाओं का एक तीव्र समय है, और यदि भावनाओं को प्रभावी ढंग से प्रबंधित नहीं किया गया तो संघर्ष आसानी से बढ़ सकते हैं। किशोरों को भावनात्मक विनियमन की तकनीकें सिखाना, जैसे गहरी साँस लेना, माइंडफुलनेस, या समय निकालना, उन्हें असहमति के दौरान शांत और संयमित रहने में मदद कर सकता है। यह पहचानना महत्वपूर्ण है कि गुस्सा, हताशा, या उदासी जैसी मजबूत भावनाएँ सामान्य और वैध हैं, लेकिन यह कि इन भावनाओं को कैसे व्यक्त किया जाता है, यह मायने रखता है। किशोरों को जवाब देने से पहले अपने विचारों को एकत्रित करने के लिए एक क्षण लेने के लिए प्रोत्साहित करना आवेगपूर्ण प्रतिक्रियाओं को रोक सकता है, जो संघर्ष को और बढ़ा सकती हैं।

पारस्परिक रूप से स्वीकार्य समाधान खोजना शांतिपूर्ण संघर्ष समाधान का एक मुख्य लक्ष्य है। इसमें एक ऐसा समझौता करने के लिए बातचीत और समझौता करना शामिल है, जो सभी पक्षों की ज़रूरतों को संतुष्ट करता हो। किशोरों के लिए, बातचीत और समझौता कैसे करना एक महत्वपूर्ण जीवन कौशल है जो सहयोग और सम्मान को बढ़ावा देता है। यह महत्वपूर्ण है कि बातचीत को एक सहयोगात्मक मानसिकता के साथ संपर्क करें, समाधान खोजने पर ध्यान केंद्रित

करें न कि तर्क जीतने पर। किशोरों को संभावित समाधानों के बारे में विचार-मंथन करने और प्रत्येक विकल्प के फायदे और नुकसान का मूल्यांकन करने के लिए प्रोत्साहित करना उन्हें आलोचनात्मक सोच और समस्या समाधान कौशल विकसित करने में मदद कर सकता है। यह यह सुनिश्चित करना भी महत्वपूर्ण है कि सहमत समाधान निष्पक्ष और न्यायसंगत है, और यह कि सभी की ज़रूरतों और चिंताओं को संबोधित किया गया है।

सहानुभूति का निर्माण शांतिपूर्ण संघर्ष समाधान का एक और आवश्यक घटक है। सहानुभूति का मतलब है दूसरों की भावनाओं को समझना और साझा करना, जो जुड़ाव और परस्पर सम्मान की भावना बनाने में मदद कर सकता है। किशोरों के लिए, सहानुभूति विकसित करना इसमें शामिल है कि वे खुद को दूसरे व्यक्ति के स्थान पर रखें और सोचें कि उनके कार्य और शब्द दूसरों को कैसे प्रभावित कर सकते हैं। यह विशेष रूप से चुनौतीपूर्ण हो सकता है जब भावनाएँ प्रबल हों, लेकिन यह संघर्षों को रचनात्मक रूप से हल करने के लिए महत्वपूर्ण है। किशोरों को दूसरे व्यक्ति की भावनाओं को स्वीकारने और उनके अनुभवों को मान्य करने के लिए प्रोत्साहित करना तनाव को कम कर सकता है और अधिक सहयोगात्मक माहौल बना सकता है।

स्पष्ट सीमाएँ स्थापित करना भी संघर्षों को शांतिपूर्ण तरीके से प्रबंधित करने के लिए महत्वपूर्ण है। सीमाएँ यह परिभाषित करने में मदद करती हैं कि कौन सा व्यवहार स्वीकार्य है और यह सुनिश्चित करती हैं कि सभी के अधिकार और ज़रूरतें सम्मानित हों। किशोरों के लिए, सीमाएँ स्थापित करना और उनका सम्मान करना उनके विकास का एक महत्वपूर्ण पहलू है। इसमें अपनी सीमाओं को स्पष्ट और आत्मविश्वास से संवाद करना शामिल है, साथ ही दूसरों की सीमाओं का भी सम्मान करना। उदाहरण के लिए, यदि कोई किशोर अपने दोस्त के व्यवहार से असहज महसूस करता है, तो वह कह सकता है, "मुझे अभी कुछ समय चाहिए। क्या हम बाद में इस पर बात कर सकते हैं?" सीमाएँ स्थापित करने से संघर्षों को बढ़ने से रोकने और यह सुनिश्चित करने में मदद मिलती है कि सभी सुरक्षित और सम्मानित महसूस करें।

संघर्ष समाधान कौशल विकसित करने में माफी माँगना और क्षमा करना भी शामिल है। उपयुक्त होने पर माफी माँगना जिम्मेदारी और सुधार करने की इच्छा

दिखाता है। किशोरों के लिए, माफी माँगना सीखना इसमें शामिल है कि वे संघर्ष में अपनी भूमिका को स्वीकारें और सच्चे पछतावे को व्यक्त करें। यह किशोरों को यह सिखाना भी महत्वपूर्ण है कि माफी माँगना कमजोरी का नहीं, बल्कि परिपक्वता और जिम्मेदारी का संकेत है। दूसरी ओर, क्षमा करने का मतलब है नाराज़गी छोड़ देना और आगे बढ़ना। किशोरों को दूसरों और खुद को क्षमा करने के लिए प्रोत्साहित करना रिश्तों को ठीक करने और संघर्षों के भावनात्मक बोझ को कम करने में मदद कर सकता है।

यह पहचानना भी महत्वपूर्ण है कि सभी संघर्ष तुरंत हल नहीं किए जा सकते, और कुछ को निरंतर प्रयास और संवाद की आवश्यकता हो सकती है। किशोरों के लिए, यह समझना कि संघर्ष समाधान एक प्रक्रिया है, न कि एक बार में हल होने वाली घटना, उम्मीदों को प्रबंधित करने और निराशा को कम करने में मदद कर सकता है। धैर्य और दृढ़ता बनाए रखना और भले ही प्रगति धीमी हो, समाधान खोजने के लिए काम करना जारी रखना महत्वपूर्ण है। इस प्रक्रिया के दौरान समर्थन और प्रोत्साहन प्रदान करना किशोरों को शांतिपूर्ण समाधान खोजने के लिए प्रतिबद्ध रहने में मदद कर सकता है।

एक सकारात्मक और सहायक वातावरण बनाना शांतिपूर्ण संघर्ष समाधान को बढ़ावा देने के लिए आवश्यक है। इसमें परिवार, स्कूल, और साथी संबंधों सहित जीवन के सभी क्षेत्रों में सम्मान, सहानुभूति, और सहयोग की संस्कृति को बढ़ावा देना शामिल है। माता-पिता और देखभाल करने वालों के लिए, सकारात्मक संघर्ष समाधान व्यवहारों का मॉडल प्रस्तुत करना किशोरों को संघर्षों को रचनात्मक रूप से संभालने का तरीका सिखाने का एक महत्वपूर्ण तरीका है। यह प्रदर्शित करना कि प्रभावी ढंग से संवाद कैसे करें, भावनाओं को नियंत्रित कैसे करें, और पारस्परिक रूप से स्वीकार्य समाधान कैसे खोजें, किशोरों को अनुसरण करने के लिए एक सकारात्मक उदाहरण प्रदान करता है। किशोरों को इन कौशलों का अभ्यास करने के लिए परिवार चर्चा, भूमिका-अभिनय अभ्यास, या संघर्ष समाधान कार्यशालाओं जैसे सुरक्षित और सहायक वातावरण में अवसर प्रदान करना भी महत्वपूर्ण है।

अंतर-व्यक्तिगत संघर्ष समाधान कौशल विकसित करने के अलावा, यह किशोरों के लिए आंतरिक संघर्षों को प्रबंधित करना सीखना भी महत्वपूर्ण है। आंतरिक

संघर्ष, जैसे परस्पर विरोधी इच्छाएँ, मूल्य, या लक्ष्य, महत्वपूर्ण तनाव और चिंता पैदा कर सकते हैं। किशोरों को आत्म-चिंतन और आत्म-अवलोकन में संलग्न होने के लिए प्रोत्साहित करना उन्हें इन आंतरिक संघर्षों को समझने और हल करने में मदद कर सकता है। इसमें उनके विचारों और भावनाओं का अन्वेषण करना, संघर्षों के स्रोतों की पहचान करना, और संभावित समाधानों पर विचार करना शामिल है। इस प्रक्रिया के दौरान समर्थन और मार्गदर्शन प्रदान करना किशोरों को अधिक आत्म-जागरूकता और भावनात्मक सहनशीलता विकसित करने में मदद कर सकता है।

शिक्षा और जागरूकता भी संघर्षों को शांतिपूर्ण तरीके से प्रबंधित करने के लिए महत्वपूर्ण हैं। किशोरों को विभिन्न संघर्ष समाधान रणनीतियों, जैसे मध्यस्थता, बातचीत, और सहयोगात्मक समस्या-समाधान के बारे में सिखाना, उन्हें विभिन्न स्थितियों में उपयोग करने के लिए कौशलों का एक उपकरण प्रदान करता है। यह यह जागरूकता बढ़ाना भी महत्वपूर्ण है कि संघर्ष का मानसिक और भावनात्मक भलाई पर क्या प्रभाव पड़ सकता है, और किशोरों को आवश्यकता होने पर मदद और समर्थन लेने के लिए प्रोत्साहित करना। संसाधनों तक पहुँच प्रदान करना, जैसे परामर्श सेवाएँ, समर्थन समूह, या संघर्ष समाधान प्रशिक्षण कार्यक्रम, किशोरों को संघर्षों को रचनात्मक रूप से प्रबंधित करने के लिए आवश्यक कौशल और आत्मविश्वास विकसित करने में मदद कर सकता है।

संघर्षों को शांतिपूर्ण तरीके से प्रबंधित करने का एक और महत्वपूर्ण पहलू विकासशील मानसिकता को प्रोत्साहित करना है। विकासशील मानसिकता का मतलब है संघर्षों को खतरे या विफलताओं के बजाय सीखने और बढ़ने के अवसर के रूप में देखना। किशोरों को विकासशील मानसिकता अपनाने के लिए प्रोत्साहित करना उन्हें सकारात्मक और सक्रिय दृष्टिकोण के साथ संघर्षों का सामना करने में मदद करता है। इसमें यह पहचानना शामिल है कि संघर्ष जीवन का एक सामान्य हिस्सा हैं, और वे मूल्यवान सबक और व्यक्तिगत विकास के अवसर प्रदान कर सकते हैं। संघर्षों को विकास के अवसर के रूप में देखकर, किशोर अधिक सहनशीलता और अनुकूलनशीलता विकसित कर सकते हैं और आत्मविश्वास और शालीनता के साथ चुनौतियों को नेविगेट करना सीख सकते हैं।

अंततः, समुदाय और जुड़ाव की भावना को बढ़ावा देना शांतिपूर्ण संघर्ष समाधान के लिए सहायक वातावरण बनाने में मदद कर सकता है। किशोरों को सकारात्मक संबंध बनाने और जुड़ाव की भावना विकसित करने के लिए प्रोत्साहित करना अलगाव की भावनाओं को कम कर सकता है और उन्हें रचनात्मक संघर्ष समाधान में संलग्न होने के लिए प्रेरित कर सकता है। इसमें जीवन के सभी क्षेत्रों में समावेशिता, विविधता, और पारस्परिक सम्मान को बढ़ावा देना शामिल है। किशोरों को सामाजिक गतिविधियों, सामुदायिक सेवा, या समूह परियोजनाओं के माध्यम से दूसरों के साथ जुड़ने के अवसर प्रदान करना समुदाय और समर्थन की भावना बनाने में मदद करता है।

संक्षेप में, संघर्षों का शांतिपूर्ण समाधान एक बहुआयामी प्रक्रिया है, जिसमें संघर्ष के मूल कारणों को समझना, प्रभावी संवाद करना, भावनाओं को नियंत्रित करना, पारस्परिक रूप से स्वीकार्य समाधान खोजना, सहानुभूति का निर्माण करना, स्पष्ट सीमाएँ स्थापित करना, माफी माँगना और क्षमा करना, और एक सकारात्मक और सहायक वातावरण को बढ़ावा देना शामिल है। इसमें धैर्य, दृढ़ता, और निरंतर संवाद और चिंतन में संलग्न होने की इच्छा की आवश्यकता होती है। इन कौशलों और मानसिकताओं को विकसित करके, किशोर संघर्षों को रचनात्मक रूप से नेविगेट करना और मजबूत, स्वस्थ संबंध बनाना सीख सकते हैं। विकासशील मानसिकता को प्रोत्साहित करना, शिक्षा और संसाधन प्रदान करना, और समुदाय और जुड़ाव की भावना को बढ़ावा देना शांतिपूर्ण संघर्ष समाधान को बढ़ावा देने के अन्य महत्वपूर्ण पहलू हैं। इन प्रयासों के माध्यम से, किशोर सहनशीलता, अनुकूलनशीलता, और आत्मविश्वास विकसित कर सकते हैं, जो उन्हें संघर्षों को शालीनता और परिपक्वता के साथ संभालने की आवश्यकता है।

"किशोर मस्तिष्क को समझने के लिए धैर्य और सहानुभूति की आवश्यकता होती है। उनकी अनूठी चुनौतियों को पहचानें। उन्हें मार्गदर्शन और करुणा के साथ समर्थन प्रदान करें।"

7

शैक्षणिक सफलता का समर्थन करना

किशोरों में शैक्षणिक सफलता का समर्थन करना एक बहुआयामी प्रयास है, जिसमें सकारात्मक शिक्षण वातावरण को बढ़ावा देना, प्रभावी अध्ययन आदतों को प्रोत्साहित करना, और भावनात्मक और व्यावहारिक समर्थन प्रदान करना शामिल है। किशोरावस्था का समय शैक्षणिक विकास के लिए एक महत्वपूर्ण अवधि है, क्योंकि छात्र अधिक चुनौतीपूर्ण पाठ्यक्रम का सामना करते हैं, उच्च शिक्षा या करियर के लिए तैयारी करते हैं, और जीवनभर के लिए आवश्यक कौशल विकसित करते हैं। किशोरों को शैक्षणिक सफलता प्राप्त करने में मदद करने के लिए, माता-पिता, शिक्षक, और देखभाल करने वालों को एक ऐसा वातावरण बनाने के लिए मिलकर काम करना चाहिए जो प्रेरणा, सहनशीलता, और सीखने के प्रति प्रेम को प्रोत्साहित करता हो।

एक सकारात्मक शिक्षण वातावरण शैक्षणिक सफलता के लिए आवश्यक है। यह घर से शुरू होता है, जहाँ माता-पिता और देखभाल करने वाले अध्ययन और सीखने के लिए अनुकूल स्थान बना सकते हैं। यह स्थान शांत, अच्छी रोशनी वाला, और टेलीविजन और शोर जैसी गड़बड़ियों से मुक्त होना चाहिए। आवश्यक सामग्रियाँ, जैसे पाठ्यपुस्तकें, नोटबुक, और एक विश्वसनीय इंटरनेट कनेक्शन प्रदान करना यह सुनिश्चित करता है कि किशोरों के पास सफल होने के लिए आवश्यक उपकरण हैं। इसके अलावा, नियमित अध्ययन समय शामिल करने वाला एक रूटीन स्थापित करना किशोरों को अच्छी आदतें विकसित करने और

एक सुसंगत कार्यक्रम बनाए रखने में मदद कर सकता है। शैक्षणिक जिम्मेदारियों और अवकाश गतिविधियों के बीच संतुलन प्रोत्साहित करना भी महत्वपूर्ण है, क्योंकि यह बर्नआउट को रोकता है और समग्र भलाई को बढ़ावा देता है।

माता-पिता, शिक्षकों, और छात्रों के बीच प्रभावी संवाद शैक्षणिक सफलता का समर्थन करने का एक और प्रमुख घटक है। माता-पिता और देखभाल करने वालों को अपने किशोर के शिक्षकों और स्कूल के कर्मचारियों के साथ संवाद की खुली पंक्तियाँ बनाए रखनी चाहिए ताकि उनकी प्रगति और संभावित चुनौतियों के बारे में जानकारी मिल सके। माता-पिता-शिक्षक सम्मेलन में भाग लेना, स्कूल कार्यक्रमों में भाग लेना, और स्कूल समुदाय में सक्रिय रहना माता-पिता को अपने किशोर के शैक्षणिक अनुभव को बेहतर तरीके से समझने और आवश्यक समर्थन प्रदान करने में मदद कर सकता है। किशोरों को अपने शिक्षकों के साथ संवाद करने और आवश्यकता होने पर मदद माँगने के लिए प्रोत्साहित करना जिम्मेदारी और आत्म-अधिकारिता की भावना को बढ़ावा देता है। यह महत्वपूर्ण है कि किशोर प्रश्न पूछने और चिंताओं को व्यक्त करने में सहज महसूस करें, क्योंकि यह सामग्री की गहरी समझ और बेहतर शैक्षणिक प्रदर्शन की ओर ले जा सकता है।

प्रभावी अध्ययन आदतों को प्रोत्साहित करना शैक्षणिक सफलता के लिए महत्वपूर्ण है। किशोरों को अपना समय व्यवस्थित करने और अपने कार्यभार को प्रबंधित करने का तरीका सिखाना उन्हें जीवनभर सेवा देने वाले महत्वपूर्ण कौशल विकसित करने में मदद करता है। समय प्रबंधन तकनीकें, जैसे अध्ययन कार्यक्रम बनाना, लक्ष्य निर्धारित करना, और कार्यों को प्रबंधनीय हिस्सों में विभाजित करना, किशोरों को ट्रैक पर बने रहने और टालमटोल से बचने में मदद कर सकती हैं। असाइनमेंट, परीक्षण, और समय-सीमा को ट्रैक करने के लिए योजनाकारों या डिजिटल उपकरणों का उपयोग करने के लिए प्रोत्साहित करना भी लाभकारी हो सकता है। इसके अलावा, किशोरों को अपने कार्यों को प्राथमिकता देने और सबसे महत्वपूर्ण या चुनौतीपूर्ण असाइनमेंट पर ध्यान केंद्रित करने का तरीका सिखाना उन्हें अपने अध्ययन समय का सबसे अच्छा उपयोग करने में मदद कर सकता है।

मजबूत अध्ययन कौशल विकसित करना शैक्षणिक सफलता का एक और महत्वपूर्ण पहलू है। इसमें किशोरों को प्रभावी नोट्स लेना, जानकारी की समीक्षा और बनाए रखना, और परीक्षाओं की तैयारी करना सिखाना शामिल है। प्रत्येक

छात्र की अलग-अलग सीखने की शैली होती है, इसलिए यह महत्वपूर्ण है कि किशोरों को वे अध्ययन विधियाँ खोजने में मदद करें जो उनके लिए सबसे अच्छा काम करती हैं। कुछ के लिए, यह फ्लैशकार्ड बनाने में शामिल हो सकता है, जबकि अन्य जानकारी को अपने शब्दों में सारांशित करने या सामग्री को किसी और को सिखाने से लाभ उठा सकते हैं। किशोरों को ऐसी अध्ययन दिनचर्या खोजने के लिए प्रोत्साहित करना जो उनकी सीखने की शैली के अनुकूल हो, उन्हें जानकारी को अधिक प्रभावी ढंग से बनाए रखने और परीक्षाओं में बेहतर प्रदर्शन करने में मदद कर सकता है।

भावनात्मक समर्थन प्रदान करना शैक्षणिक सफलता में समान रूप से महत्वपूर्ण है। किशोरावस्था एक तनावपूर्ण और चुनौतीपूर्ण समय हो सकता है, और शैक्षणिक दबाव चिंता और बर्नआउट में योगदान कर सकते हैं। माता-पिता और देखभाल करने वालों के लिए यह महत्वपूर्ण है कि वे अपने किशोर के भावनात्मक स्वास्थ्य के प्रति सतर्क रहें और आवश्यकता होने पर समर्थन प्रदान करें। इसमें उनके प्रयासों और उपलब्धियों के लिए प्रोत्साहन और प्रशंसा प्रदान करना, साथ ही संघर्ष के समय समझ और समर्थन दिखाना शामिल है।

किशोरों में विकासशील मानसिकता को प्रोत्साहित करना, जो प्रयास और गलतियों से सीखने के महत्व पर जोर देती है, उन्हें सहनशीलता और दृढ़ता विकसित करने में मदद कर सकता है। माता-पिता और देखभाल करने वाले किशोरों में आत्मविश्वास और सीखने के प्रति सकारात्मक दृष्टिकोण बनाने में मदद कर सकते हैं यदि वे प्रक्रिया पर ध्यान केंद्रित करते हैं न कि केवल परिणाम पर। इससे किशोरों को अपने प्रयासों की सराहना करने और विफलताओं को सीखने के अवसरों के रूप में देखने में मदद मिलती है।

शैक्षणिक सफलता में सीखने के प्रति प्रेम को प्रोत्साहित करना एक और महत्वपूर्ण पहलू है। जब किशोर प्रेरित होते हैं और वे जो पढ़ रहे हैं उसमें रुचि रखते हैं, तो वे सामग्री में अधिक गहराई से संलग्न होते हैं और शैक्षणिक रूप से बेहतर प्रदर्शन करते हैं। माता-पिता और देखभाल करने वाले विभिन्न विषयों और अनुभवों के माध्यम से किशोरों में सीखने के प्रति रुचि जगा सकते हैं, जैसे संग्रहालयों की यात्रा करना, सांस्कृतिक कार्यक्रमों में भाग लेना, या विभिन्न शौक और रुचियों का अन्वेषण करना। किशोरों को उनके जुनून का पीछा करने और नई रुचियों का पता

लगाने के लिए प्रोत्साहित करना उन्हें एक व्यापक और समृद्ध शिक्षा विकसित करने में मदद करता है।

शैक्षणिक सफलता का समर्थन करना किसी भी संभावित सीखने में बाधाओं को पहचानने और उनका समाधान करने में भी शामिल है। इसमें सीखने की अक्षमता की पहचान करना और उनका समाधान करना, संघर्ष कर रहे छात्रों के लिए अतिरिक्त सहायता प्रदान करना, और यह सुनिश्चित करना शामिल है कि किशोरों के पास सफल होने के लिए आवश्यक संसाधन हैं। जिन छात्रों को सीखने की अक्षमता है, उनके लिए व्यक्तिगत शिक्षा योजनाएँ (IEPs) या 504 योजनाएँ आवश्यक अनुकूलन और समर्थन प्रदान कर सकती हैं। माता-पिता, शिक्षकों, और देखभाल करने वालों के लिए यह आवश्यक है कि वे किसी भी संभावित चुनौती की पहचान करने और उनका समाधान करने की रणनीति विकसित करने के लिए मिलकर काम करें।

घरेलू समर्थन के अलावा, सह-पाठयक्रम गतिविधियाँ और समृद्ध कार्यक्रम भी शैक्षणिक सफलता में महत्वपूर्ण भूमिका निभा सकते हैं। खेल, संगीत, कला, या शैक्षणिक क्लब जैसी गतिविधियों में भाग लेना किशोरों को महत्वपूर्ण कौशल विकसित करने, आत्मविश्वास बनाने, और जुड़ाव की भावना बढ़ाने में मदद करता है। ये गतिविधियाँ किशोरों को कक्षा में सीखी गई चीजों को नए और रचनात्मक तरीकों से लागू करने के अवसर भी प्रदान कर सकती हैं। किशोरों को उन सह-पाठयक्रम गतिविधियों में भाग लेने के लिए प्रोत्साहित करना, जो उन्हें रुचिकर लगती हैं, एक व्यापक और अधिक समृद्ध शैक्षणिक अनुभव विकसित करने में मदद कर सकती हैं।

गुरुता और ट्यूटरिंग कार्यक्रम भी शैक्षणिक सफलता का समर्थन करने के लिए मूल्यवान संसाधन हो सकते हैं। एक ऐसा मार्गदर्शक या शिक्षक होना जो मार्गदर्शन, समर्थन, और अतिरिक्त निर्देश प्रदान कर सके, किशोरों को शैक्षणिक चुनौतियों को नेविगेट करने और उनके कौशल को विकसित करने में मदद कर सकता है। गुरुता कार्यक्रम भी मूल्यवान आदर्श प्रदान कर सकते हैं और किशोरों को उनके शैक्षणिक और करियर लक्ष्यों का समर्थन करने वाले संबंध और नेटवर्क बनाने में मदद कर सकते हैं। किशोरों को गुरुता और ट्यूटरिंग अवसरों की तलाश करने के लिए प्रोत्साहित करना उन्हें सफल होने के लिए अतिरिक्त समर्थन और

संसाधन प्रदान कर सकता है।

शारीरिक स्वास्थ्य शैक्षणिक सफलता में एक महत्वपूर्ण भूमिका निभाता है। एक स्वस्थ जीवनशैली, जिसमें नियमित व्यायाम, संतुलित आहार, और पर्याप्त नींद शामिल है, किशोरों की ध्यान केंद्रित करने, सीखने, और शैक्षणिक प्रदर्शन करने की क्षमता पर महत्वपूर्ण प्रभाव डाल सकती है। किशोरों को पर्याप्त नींद लेने, पौष्टिक भोजन खाने, और सक्रिय रहने के लिए प्रोत्साहित करना यह सुनिश्चित करने में मदद कर सकता है कि उनके पास स्कूल में सफल होने के लिए आवश्यक ऊर्जा और ध्यान है। इसके अलावा, स्वस्थ आदतों को बढ़ावा देना, जैसे अध्ययन सत्रों के दौरान नियमित ब्रेक लेना और विश्राम तकनीकों का अभ्यास करना, तनाव को कम करने और समग्र भलाई में सुधार करने में मदद कर सकता है।

माता-पिता और देखभाल करने वाले सकारात्मक व्यवहार और शिक्षा के प्रति दृष्टिकोण प्रस्तुत करके शैक्षणिक सफलता का समर्थन कर सकते हैं। सीखने, जिज्ञासा, और नए विचारों का पता लगाने के लिए तत्परता का प्रदर्शन किशोरों को समान दृष्टिकोण विकसित करने के लिए प्रेरित कर सकता है। व्यक्तिगत अनुभवों और चुनौतियों को दूर करने और लक्ष्यों को प्राप्त करने की कहानियाँ साझा करना किशोरों के लिए मूल्यवान पाठ और प्रेरणा प्रदान कर सकता है। एक सकारात्मक उदाहरण स्थापित करके और यह दिखाकर कि सीखना जीवनभर की यात्रा है, माता-पिता और देखभाल करने वाले किशोरों को शिक्षा के प्रति सकारात्मक दृष्टिकोण और शैक्षणिक सफलता के प्रति प्रतिबद्धता विकसित करने में मदद कर सकते हैं।

अंत में, यह मान्यता देना महत्वपूर्ण है कि शैक्षणिक सफलता केवल ग्रेड और टेस्ट स्कोर द्वारा परिभाषित नहीं है। जबकि ये शैक्षणिक प्रदर्शन के महत्वपूर्ण मापदंड हैं, वे किशोरों की क्षमताओं और संभावनाओं के पूर्ण दायरे को नहीं दर्शाते हैं। शैक्षणिक सफलता में आलोचनात्मक सोच कौशल, रचनात्मकता, समस्या-समाधान की क्षमताओं, और सीखने के प्रति जुनून का विकास भी शामिल है। किशोरों को उनकी समग्र विकास और वृद्धि पर ध्यान केंद्रित करने के लिए प्रोत्साहित करना, न कि केवल उनके ग्रेड पर, उन्हें शैक्षणिक सफलता की अधिक समग्र और सार्थक समझ बनाने में मदद करता है। उनकी शिक्षा के सभी क्षेत्रों में उनकी उपलब्धियों और प्रगति का जश्न मनाना और उनके अपने लक्ष्यों को

निर्धारित करने और प्राप्त करने में उनका समर्थन करना महत्वपूर्ण है।

संक्षेप में, किशोरों में शैक्षणिक सफलता का समर्थन करना एक सकारात्मक शिक्षण वातावरण बनाने, प्रभावी अध्ययन आदतों को प्रोत्साहित करने, भावनात्मक और व्यावहारिक समर्थन प्रदान करने, सीखने के प्रति प्रेम को बढ़ावा देने, संभावित बाधाओं को संबोधित करने, और एक स्वस्थ जीवनशैली को बढ़ावा देने में शामिल है। यह माता-पिता, शिक्षकों, और देखभाल करने वालों से प्रेरणा, सहनशीलता, और सीखने की प्रतिबद्धता को बढ़ावा देने वाला वातावरण बनाने के लिए एक सहयोगात्मक प्रयास की आवश्यकता है। आवश्यक समर्थन और संसाधन प्रदान करके, शिक्षा के प्रति सकारात्मक दृष्टिकोण को प्रोत्साहित करके, और शैक्षणिक सफलता के पूर्ण दायरे को मान्यता देकर, हम किशोरों को उनके शैक्षणिक लक्ष्यों को प्राप्त करने और जीवनभर की शिक्षा और सफलता के लिए आवश्यक कौशल और आत्मविश्वास विकसित करने में मदद कर सकते हैं।

"सकारात्मक संबंध किशोरों की भलाई के लिए महत्वपूर्ण हैं। विश्वास, सम्मान, और खुले संवाद पर आधारित संबंधों को बढ़ावा दें। ये बंधन उन्हें जुड़ाव और समर्थन की भावना प्रदान करते हैं।"

8

स्वस्थ मित्रता को बढ़ावा देना

स्वस्थ मित्रता को बढ़ावा देना किशोरों के विकास का एक आवश्यक पहलू है, जो उनके भावनात्मक, सामाजिक, और मनोवैज्ञानिक कल्याण में महत्वपूर्ण योगदान देता है। किशोरावस्था के दौरान मित्रता विशेष रूप से प्रभावशाली होती है क्योंकि किशोर अपनी पहचान स्थापित करने, परिवार से स्वतंत्रता प्राप्त करने, और बढ़ते हुए जीवन की जटिलताओं को नेविगेट करने का प्रयास करते हैं। स्वस्थ मित्रता समर्थन प्रदान कर सकती है, आत्म-सम्मान बढ़ा सकती है, और महत्वपूर्ण जीवन कौशल सिखा सकती है, जबकि अस्वस्थ संबंध तनाव, कम आत्म-सम्मान, और नकारात्मक व्यवहार का कारण बन सकते हैं। इसलिए, किशोर मित्रता की गतिशीलता को समझना और सकारात्मक, सहायक संबंधों को प्रोत्साहित करने वाला वातावरण तैयार करना महत्वपूर्ण है।

स्वस्थ मित्रता को बढ़ावा देने का पहला कदम किशोरों को यह समझने में मदद करना है कि एक अच्छे मित्र की विशेषताएँ क्या हैं। एक स्वस्थ मित्रता आपसी सम्मान, विश्वास, सहानुभूति, और खुले संवाद पर आधारित होती है। ये संबंध संतुलित होते हैं, जहाँ दोनों मित्र एक-दूसरे का समान रूप से समर्थन करते हैं और एक-दूसरे की सीमाओं का सम्मान करते हैं। किशोरों को उन मित्रों की तलाश करने के लिए प्रोत्साहित करना जो इन गुणों का प्रदर्शन करते हैं, उन्हें सहायक और लाभकारी संबंध बनाने में मदद कर सकता है। यह उन्हें अच्छे मित्र बनने के लिए सिखाना भी महत्वपूर्ण है, जिसमें सम्मान दिखाना, विश्वासयोग्य होना,

सहानुभूति का अभ्यास करना, और खुले तौर पर संवाद करना शामिल है।

माता-पिता और देखभाल करने वाले स्वस्थ संबंध व्यवहारों का मॉडल प्रस्तुत करने में महत्वपूर्ण भूमिका निभाते हैं। किशोर अक्सर अपने जीवन में वयस्कों की बातचीत को देखकर सीखते हैं। परिवार और अन्य लोगों के साथ सम्मानजनक, सहायक, और संवादात्मक संबंध प्रदर्शित करना किशोरों को उनके अपने मित्रताओं के लिए एक खाका प्रदान कर सकता है। यह दिखाना कि संघर्ष को रचनात्मक रूप से कैसे संभालें, भावनाओं और आवश्यकताओं को स्पष्ट रूप से कैसे व्यक्त करें, और समर्थन कैसे दें और प्राप्त करें, किशोरों को उनके अपने संबंधों के लिए आवश्यक कौशल विकसित करने में मदद कर सकता है।

मित्रता के बारे में खुले संवाद को प्रोत्साहित करना भी महत्वपूर्ण है। किशोरों को अपने माता-पिता या देखभाल करने वालों के साथ अपने सामाजिक जीवन पर चर्चा करने में सहज महसूस करना चाहिए। इसमें उनके अनुभव, चाहे सकारात्मक हों या नकारात्मक, साझा करना और आवश्यकता होने पर सलाह लेना शामिल है। इन वार्तालापों के लिए एक गैर-आलोचनात्मक और सहायक वातावरण बनाना किशोरों को समझा और समर्थित महसूस करने में मदद कर सकता है। सक्रिय और सहानुभूतिपूर्ण सुनने, आलोचनात्मक या खारिज करने वाले रवैये से बचते हुए मार्गदर्शन प्रदान करना महत्वपूर्ण है। खुले-समाप्ति वाले प्रश्न पूछना किशोरों को उनकी मित्रताओं पर विचार करने और यह आकलन करने के लिए प्रोत्साहित कर सकता है कि क्या वे स्वस्थ और संतोषजनक हैं। उदाहरण के लिए, "इस मित्र के साथ समय बिताने पर आपको कैसा महसूस होता है?" या "क्या इस मित्रता में आपको समर्थन और सम्मान मिलता है?" जैसे प्रश्न उन्हें अपने रिश्तों का मूल्यांकन करने में मदद कर सकते हैं।

मजबूत सामाजिक कौशल विकसित करने में किशोरों की मदद करना स्वस्थ मित्रता को बढ़ावा देने का एक और प्रमुख पहलू है। प्रभावी संवाद, सक्रिय सुनवाई, सहानुभूति, और संघर्ष समाधान जैसे सामाजिक कौशल सकारात्मक संबंधों के निर्माण और बनाए रखने के लिए आवश्यक हैं। इन कौशलों को अभ्यास और मार्गदर्शन के माध्यम से विकसित किया जा सकता है। विभिन्न सामाजिक परिदृश्यों का रोल-प्ले करना, संघर्षों को संभालने की रणनीतियों पर चर्चा करना, और किशोरों को उनकी भावनाओं और आवश्यकताओं को स्पष्ट रूप से व्यक्त

करने के लिए प्रोत्साहित करना, इन महत्वपूर्ण कौशलों को विकसित करने में उनकी मदद कर सकता है। यह किशोरों को समूह गतिविधियों, क्लबों, या टीम स्पोर्ट्स जैसे वास्तविक जीवन के सेटिंग्स में इन कौशलों का अभ्यास करने के अवसर प्रदान करना भी लाभकारी हो सकता है।

किशोरों को सह-पाठयक्रम गतिविधियों में भाग लेने के लिए प्रोत्साहित करना उन्हें स्वस्थ मित्रता बनाने में भी मदद कर सकता है। खेल टीमों, क्लबों, स्वयंसेवा कार्य, या कला कार्यक्रमों जैसी गतिविधियाँ किशोरों को समान रुचियों और मूल्यों वाले साथियों से मिलने के अवसर प्रदान करती हैं। ये सेटिंग्स अक्सर टीम वर्क, सहयोग, और आपसी समर्थन को बढ़ावा देती हैं, जो स्वस्थ मित्रताओं के महत्वपूर्ण घटक हैं। सह-पाठयक्रम गतिविधियों में भागीदारी आत्म-सम्मान बढ़ा सकती है और जुड़ाव की भावना प्रदान कर सकती है, जो समग्र भलाई में योगदान दे सकती है। किशोरों को उनकी रुचियों का अन्वेषण करने और ऐसी गतिविधियों में शामिल होने के लिए समर्थन देना, जिनका वे आनंद लेते हैं, उन्हें सकारात्मक और स्थायी मित्रता बनाने में मदद कर सकता है।

यह महत्वपूर्ण है कि मित्रता और सामाजिक बातचीत के आसपास सीमाएँ स्थापित करने और चर्चा करने पर जोर दिया जाए। किशोरों को यह समझने में मदद करना कि सीमाएँ स्थापित करना और उनका सम्मान करना मित्रताओं में अस्वास्थ्यकर गतिशीलता को रोक सकता है। इसमें उन्हें अपनी सीमाओं को पहचानने और दृढ़ता से व्यक्त करने, और दूसरों की सीमाओं का सम्मान करने का महत्व सिखाना शामिल है। व्यक्तिगत स्थान, समय प्रबंधन, और भावनात्मक सीमाओं जैसे विषयों पर चर्चा करना किशोरों को उनकी सामाजिक बातचीत को अधिक प्रभावी ढंग से नेविगेट करने में मदद कर सकता है। उन्हें अपनी सीमाओं को स्पष्ट और आत्मविश्वास के साथ संवाद करने के लिए प्रोत्साहित करना उन्हें स्वस्थ संबंध बनाए रखने के लिए सशक्त बना सकता है।

अस्वस्थ मित्रताओं को पहचानना और उनका समाधान करना भी महत्वपूर्ण है। अस्वस्थ मित्रताओं में व्यवहार जैसे कि नियंत्रण, असम्मान, बहिष्करण, या हेरफेर शामिल हो सकते हैं। ये रिश्ते किशोरों के आत्म-सम्मान और भलाई को नकारात्मक रूप से प्रभावित कर सकते हैं। माता-पिता और देखभाल करने वालों के लिए यह महत्वपूर्ण है कि वे अस्वस्थ मित्रताओं के संकेतों से अवगत रहें

और इन पर किशोरों के साथ चर्चा करें। किशोरों को उनके मित्रताओं में उनकी भावनाओं पर विचार करने और यदि कुछ गलत महसूस हो रहा है तो अपनी अंतर्ज्ञान पर भरोसा करने के लिए प्रोत्साहित करना, उन्हें अस्वस्थ गतिशीलता को पहचानने में मदद कर सकता है। इन स्थितियों को संबोधित करने के लिए समर्थन और मार्गदर्शन प्रदान करना, जैसे सीमाएँ स्थापित करना, अन्य मित्रों या वयस्कों से सहायता लेना, या आवश्यक होने पर मित्रता को समाप्त करना, किशोरों को इन चुनौतियों का सामना करने में मदद कर सकता है।

सहिष्णुता का निर्माण स्वस्थ मित्रताओं को बढ़ावा देने का एक और महत्वपूर्ण पहलू है। मित्रता, अन्य सभी रिश्तों की तरह, कभी-कभी संघर्षों और चुनौतियों का सामना कर सकती है। किशोरों को इन स्थितियों का स्वस्थ और रचनात्मक तरीके से सामना करना सिखाना उन्हें सकारात्मक संबंध बनाए रखने में मदद कर सकता है। इसमें समस्या-समाधान कौशल विकसित करना, तनाव और भावनाओं को प्रबंधित करना, और आवश्यकता होने पर सहायता लेना शामिल है। किशोरों को संघर्षों को विफलता के बजाय वृद्धि और सीखने के अवसर के रूप में देखने के लिए प्रोत्साहित करना उन्हें सहिष्णुता और सकारात्मक मानसिकता विकसित करने में मदद कर सकता है।

किशोरों में एक मजबूत आत्म-भावना विकसित करना भी स्वस्थ मित्रताओं में योगदान कर सकता है। जब किशोरों के पास सकारात्मक आत्म-छवि और अपने मूल्यों और विश्वासों की मजबूत समझ होती है, तो वे उन रिश्तों को बेहतर तरीके से बना सकते हैं जो उनके मूल्यों के साथ मेल खाते हैं और उनकी भलाई का समर्थन करते हैं। किशोरों को उनकी रुचियों को आगे बढ़ाने, व्यक्तिगत लक्ष्यों को स्थापित करने, और आत्मविश्वास बनाने के लिए प्रोत्साहित करना, उन्हें एक मजबूत आत्म-भावना विकसित करने में मदद कर सकता है। इसके बदले में, यह उन्हें स्वस्थ और सहायक मित्रताओं को आकर्षित करने और बनाए रखने में मदद कर सकता है।

माता-पिता और देखभाल करने वाले सकारात्मक सहकर्मी वातावरण को बढ़ावा देने में भी भूमिका निभा सकते हैं। इसमें सामाजिक कार्यक्रमों की मेजबानी करना, समावेशी व्यवहार को प्रोत्साहित करना, और सम्मान और दया की संस्कृति को बढ़ावा देना शामिल हो सकता है। किशोरों को एक सुरक्षित और सहायक वातावरण

में सामाजिक बनने के अवसर प्रदान करना उन्हें सकारात्मक संबंध बनाने में मदद कर सकता है। इसके अलावा, सामाजिक बातचीत में दयालुता, सहानुभूति, और सम्मान के महत्व पर चर्चा करना इन मूल्यों को मजबूत कर सकता है।

तकनीक और सोशल मीडिया आधुनिक किशोर मित्रताओं का एक महत्वपूर्ण पहलू हैं। जबकि ये प्लेटफ़ॉर्म कनेक्शन और संवाद के अवसर प्रदान कर सकते हैं, ये साइबर बुलिंग, सामाजिक तुलना, और एक निश्चित ऑनलाइन छवि बनाए रखने के दबाव जैसी चुनौतियाँ भी प्रस्तुत कर सकते हैं। माता-पिता और देखभाल करने वालों के लिए यह महत्वपूर्ण है कि वे किशोरों के साथ तकनीक और सोशल मीडिया के जिम्मेदार उपयोग पर चर्चा करें। इसमें स्क्रीन समय के आसपास सीमाएँ स्थापित करना, सोशल मीडिया के संभावित जोखिमों और लाभों पर चर्चा करना, और स्वस्थ ऑनलाइन व्यवहार को प्रोत्साहित करना शामिल है। किशोरों को डिजिटल साक्षरता कौशल विकसित करने में मदद करना, जैसे साइबर बुलिंग को पहचानना और गोपनीयता सेटिंग्स को समझना, सुरक्षित और स्वस्थ ऑनलाइन बातचीत को बढ़ावा दे सकता है।

अंततः, एक सहायक समुदाय को बढ़ावा देना स्वस्थ मित्रताओं को बढ़ावा देने में योगदान दे सकता है। किशोरों को साथियों, मार्गदर्शकों, और अन्य सहायक वयस्कों के साथ संबंध बनाने के लिए प्रोत्साहित करना उन्हें एक समर्थन नेटवर्क प्रदान कर सकता है। यह समुदाय मार्गदर्शन, प्रोत्साहन, और जुड़ाव की भावना प्रदान कर सकता है, जो समग्र भलाई के लिए महत्वपूर्ण हैं। किशोरों को एक मजबूत समर्थन नेटवर्क बनाने में सहायता करना उन्हें किशोरावस्था की चुनौतियों को नेविगेट करने और सकारात्मक, स्थायी मित्रता बनाने में मदद कर सकता है।

संक्षेप में, किशोरों में स्वस्थ मित्रताओं को बढ़ावा देना एक अच्छे मित्र की विशेषताओं को समझने, सकारात्मक संबंध व्यवहारों का मॉडल प्रस्तुत करने, खुले संवाद को प्रोत्साहित करने, सामाजिक कौशल विकसित करने, सह-पाठ्यक्रम गतिविधियों में भाग लेने, सीमाएँ स्थापित करने और उनका सम्मान करने, अस्वस्थ मित्रताओं को पहचानने और उनका समाधान करने, सहिष्णुता का निर्माण करने, एक मजबूत आत्म-भावना का समर्थन करने, सकारात्मक सहकर्मी वातावरण को बढ़ावा देने, तकनीक और सोशल मीडिया के उपयोग को

प्रबंधित करने, और एक सहायक समुदाय बनाने में शामिल है। इन पहलुओं पर ध्यान केंद्रित करके, माता-पिता, शिक्षक, और देखभाल करने वाले किशोरों को स्वस्थ और सहायक मित्रताओं को बनाने और बनाए रखने के लिए आवश्यक कौशल और आत्मविश्वास विकसित करने में मदद कर सकते हैं। ये संबंध मूल्यवान समर्थन प्रदान कर सकते हैं, आत्म-सम्मान बढ़ा सकते हैं, और किशोरों की समग्र भलाई और विकास में योगदान कर सकते हैं।

"तकनीक सीखने के लिए एक शक्तिशाली उपकरण हो सकती है, लेकिन इसके लिए जिम्मेदार उपयोग की आवश्यकता होती है। किशोरों को डिजिटल दुनिया को सतर्कता और ईमानदारी के साथ नेविगेट करने के लिए सिखाएँ। स्क्रीन समय को वास्तविक दुनिया की बातचीत के साथ संतुलित करें।"

༒

9

सोशल मीडिया और तकनीक का प्रबंधन

सोशल मीडिया और तकनीक का प्रबंधन आधुनिक किशोरावस्था का एक महत्वपूर्ण पहलू है। डिजिटल युग किशोरों को उनकी दैनिक जीवन शैली में तकनीक को शामिल करने के दौरान कई अवसर और चुनौतियाँ प्रदान करता है। सोशल मीडिया प्लेटफॉर्म, स्मार्टफोन, और इंटरनेट सूचनाओं, संवाद, और मनोरंजन तक अभूतपूर्व पहुँच प्रदान करते हैं, लेकिन इसके साथ-साथ साइबर बुलिंग, सामाजिक तुलना, और गोपनीयता से संबंधित चिंताओं जैसे जोखिम भी पेश करते हैं। किशोरों को सोशल मीडिया और तकनीक को जिम्मेदारी से प्रबंधित करने में मदद करना डिजिटल साक्षरता को बढ़ावा देने, स्वस्थ ऑनलाइन व्यवहार को प्रोत्साहित करने, सीमाएँ स्थापित करने, और डिजिटल जीवन के मनोवैज्ञानिक प्रभावों को प्रबंधित करने के लिए मार्गदर्शन प्रदान करने में शामिल है।

सोशल मीडिया और तकनीक के परिदृश्य को समझना किशोरों को इसे प्रभावी ढंग से प्रबंधित करने में मदद करने का पहला कदम है। इंस्टाग्राम, टिकटॉक, स्नैपचैट, और ट्विटर जैसे सोशल मीडिया प्लेटफॉर्म किशोरों के सामाजिक जीवन में महत्वपूर्ण भूमिका निभाते हैं। ये प्लेटफॉर्म दोस्तों से जुड़ने, अनुभव साझा करने, और रुचियों का पता लगाने के लिए स्थान प्रदान करते हैं। ये प्लेटफॉर्म सामाजिक संपर्क को बढ़ा सकते हैं और समुदाय की भावना प्रदान कर सकते हैं। हालांकि, ये अनुचित सामग्री, ऑनलाइन उत्पीड़न, और एक आदर्शीकृत छवि

प्रस्तुत करने के दबाव जैसे संभावित नकारात्मक पहलुओं के साथ आते हैं। सोशल मीडिया की दोहरी प्रकृति को पहचानना माता-पिता और देखभाल करने वालों को इसमें शामिल लाभों और जोखिमों दोनों को संबोधित करने में मदद करता है।

डिजिटल साक्षरता को बढ़ावा देना किशोरों को डिजिटल दुनिया को सुरक्षित और प्रभावी ढंग से प्रबंधित करने के लिए आवश्यक है। डिजिटल साक्षरता में यह समझना शामिल है कि तकनीक कैसे काम करती है, भरोसेमंद सूचनाओं के स्रोतों की पहचान कैसे की जाती है, और डिजिटल उपकरणों का जिम्मेदारी से उपयोग कैसे किया जाता है। किशोरों को ऑनलाइन मिलने वाली सामग्री पर विचारशीलता से सोचने के लिए प्रोत्साहित करना आवश्यक है। इसमें जानकारी की सटीकता पर सवाल उठाना, पक्षपात को पहचानना, और तथ्य और राय के बीच का अंतर समझना शामिल है। किशोरों को स्रोतों की विश्वसनीयता का मूल्यांकन करने, जानकारी को क्रॉस-चेक करने, और गलत सूचनाओं से बचने का तरीका सिखाना उन्हें अधिक विवेकशील डिजिटल उपभोक्ता बनने में मदद कर सकता है।

स्वस्थ ऑनलाइन व्यवहार सोशल मीडिया और तकनीक को प्रबंधित करने का एक और महत्वपूर्ण पहलू है। किशोरों को सकारात्मक, सम्मानजनक ऑनलाइन संवादों में शामिल होने के लिए प्रोत्साहित करना एक सुरक्षित डिजिटल वातावरण बनाने में मदद करता है। इसमें उन्हें उनके डिजिटल संवादों में दया, सहानुभूति, और सम्मान के महत्व को सिखाना शामिल है। साइबर बुलिंग और ऑनलाइन उत्पीड़न के प्रभावों पर चर्चा करना और ऑनलाइन और ऑफलाइन दोनों जगह दूसरों के प्रति सम्मान दिखाने के महत्व को उजागर करना आवश्यक है। किशोरों को यह सोचने के लिए प्रोत्साहित करना कि पोस्ट करने से पहले उनके कार्यों के संभावित परिणाम क्या हो सकते हैं और व्यक्तिगत या संवेदनशील जानकारी साझा करने से बचना उन्हें सोशल मीडिया को अधिक सुरक्षित तरीके से नेविगेट करने में मदद कर सकता है।

तकनीक के उपयोग के आसपास सीमाएँ स्थापित करना एक संतुलित और स्वस्थ जीवन शैली को बढ़ावा देने के लिए महत्वपूर्ण है। स्क्रीन समय, डिवाइस उपयोग, और ऑनलाइन गतिविधियों के लिए दिशा-निर्देश स्थापित करना किशोरों को स्वस्थ आदतें विकसित करने में मदद कर सकता है। इसमें होमवर्क, पारिवारिक गतिविधियों, और नींद के लिए विशिष्ट समय निर्धारित करना और भोजन के

दौरान या सोने से पहले तकनीक-मुक्त क्षेत्र या समय नामित करना शामिल हो सकता है। किशोरों को स्क्रीन से नियमित ब्रेक लेने, शारीरिक गतिविधियों में शामिल होने, और बाहरी समय बिताने के लिए प्रोत्साहित करना अत्यधिक स्क्रीन समय के नकारात्मक प्रभावों जैसे आँखों के तनाव, नींद में खलल, और शारीरिक फिटनेस में कमी को रोकने में मदद कर सकता है।

गोपनीयता और सुरक्षा सोशल मीडिया और तकनीक को प्रबंधित करने में महत्वपूर्ण विचार हैं। किशोरों को यह समझने की आवश्यकता है कि उनकी व्यक्तिगत जानकारी की सुरक्षा करना क्यों महत्वपूर्ण है और वे जिन प्लेटफार्मों का उपयोग करते हैं, उन पर गोपनीयता सेटिंग्स के बारे में जागरूक होना चाहिए। ऑनलाइन बहुत अधिक जानकारी साझा करने के संभावित जोखिमों, जैसे पहचान की चोरी, साइबर स्टॉकिंग, और अन्य प्रकार के शोषण, पर चर्चा करना किशोरों को उनके ऑनलाइन उपस्थिति के बारे में सूचित निर्णय लेने में मदद कर सकता है। उन्हें मजबूत पासवर्ड का उपयोग करना, दो-कारक प्रमाणीकरण को सक्षम करना, और फ़िशिंग प्रयासों और अन्य ऑनलाइन घोटालों को पहचानने का तरीका सिखाना उनकी डिजिटल सुरक्षा को बढ़ा सकता है।

सोशल मीडिया और तकनीक के मनोवैज्ञानिक प्रभाव महत्वपूर्ण हैं और इन्हें नज़रअंदाज़ नहीं किया जाना चाहिए। सोशल मीडिया विशेष रूप से सामाजिक तुलना में शामिल होने या ऑनलाइन उत्पीड़न का अनुभव करने पर चिंता, अवसाद, और कम आत्म-सम्मान जैसे मुद्दों में योगदान कर सकता है। सोशल मीडिया के उपयोग के संभावित भावनात्मक प्रभावों पर चर्चा करना और किशोरों को प्रोत्साहित करना कि यदि वे ऑनलाइन नकारात्मक भावनाएँ या स्थितियाँ अनुभव करते हैं तो समर्थन लें, उन्हें डिजिटल दुनिया की भावनात्मक चुनौतियों को नेविगेट करने में मदद कर सकता है। स्वस्थ आत्म-छवि और सहिष्णुता को बढ़ावा देना किशोरों को सामाजिक तुलना के नकारात्मक प्रभावों का मुकाबला करने में मदद कर सकता है। उन्हें अपनी ताकत पर ध्यान केंद्रित करने, यथार्थवादी लक्ष्य निर्धारित करने, और आत्म-करुणा का अभ्यास करने के लिए प्रोत्साहित करना महत्वपूर्ण है।

खुले संवाद किशोरों और उनके माता-पिता या देखभाल करने वालों के बीच सोशल मीडिया और तकनीक को प्रभावी ढंग से नेविगेट करने के लिए आवश्यक हैं। एक

ऐसा वातावरण बनाना जहाँ किशोर अपने ऑनलाइन अनुभवों पर चर्चा करने, प्रश्न पूछने, और सलाह लेने में सहज महसूस करें, उन्हें अधिक सुरक्षित और सूचित विकल्प बनाने में मदद कर सकता है। माता-पिता और देखभाल करने वालों के लिए यह महत्वपूर्ण है कि वे उन प्लेटफ़ॉर्म्स और तकनीकों के बारे में जानकारी रखें जिनका उनके किशोर उपयोग कर रहे हैं और उनके ऑनलाइन गतिविधियों के बारे में चल रही बातचीत में शामिल हों। इसमें नवीनतम रुझानों पर चर्चा करना, डिजिटल सुरक्षा के बारे में जानकारी साझा करना, और यह पता लगाना शामिल हो सकता है कि तकनीक का सकारात्मक उपयोग कैसे किया जा सकता है।

सकारात्मक तकनीकी उपयोग का मॉडल प्रस्तुत करना किशोरों को सोशल मीडिया और तकनीक नेविगेट करने में समर्थन देने के लिए एक और महत्वपूर्ण रणनीति है। माता-पिता और देखभाल करने वाले अपने स्वयं के जीवन में संतुलित और जिम्मेदार तकनीकी उपयोग का प्रदर्शन करके एक उदाहरण स्थापित कर सकते हैं। इसमें स्क्रीन समय के प्रति सचेत रहना, आमने-सामने बातचीत को प्राथमिकता देना, और तकनीक का उपयोग उन तरीकों से करना शामिल है जो उनके कल्याण को बढ़ाते हैं। स्वस्थ व्यवहारों को मॉडलिंग करके, वयस्क किशोरों के लिए एक सकारात्मक ढांचा प्रदान कर सकते हैं जिसका वे अनुसरण कर सकते हैं।

किशोरों को तकनीक की रचनात्मक और शैक्षणिक संभावनाओं का पता लगाने के लिए प्रोत्साहित करना भी उनके डिजिटल अनुभव को बढ़ा सकता है। तकनीक सीखने, रचनात्मकता, और व्यक्तिगत विकास के लिए कई अवसर प्रदान करती है। किशोरों को शैक्षणिक उद्देश्यों के लिए डिजिटल उपकरणों का उपयोग करने के लिए प्रोत्साहित करना, जैसे कि रुचिकर विषयों पर शोध करना, ऑनलाइन पाठ्यक्रमों में भाग लेना, या नए कौशल विकसित करना, उन्हें तकनीक के सकारात्मक पहलुओं का लाभ उठाने में मदद कर सकता है। इसके अलावा, रचनात्मक गतिविधियों, जैसे डिजिटल कला, वीडियो निर्माण, या कोडिंग को बढ़ावा देना, उनके प्रतिभाओं और रुचियों के लिए एक रचनात्मक आउटलेट प्रदान कर सकता है।

ऑनलाइन बातचीत के सामाजिक गतिशीलता को प्रबंधित करने में किशोरों का

समर्थन करना भी महत्वपूर्ण है। सोशल मीडिया कभी-कभी सामाजिक दबावों और संघर्षों को बढ़ा सकता है, जिससे किशोरों के लिए अपने रिश्तों को नेविगेट करना चुनौतीपूर्ण हो सकता है। उन्हें ऑनलाइन बातचीत का प्रबंधन करने की रणनीतियाँ विकसित करने में मदद करना, जैसे दोस्तों के साथ सीमाएँ स्थापित करना, असहमति को रचनात्मक रूप से संभालना, और आवश्यकता होने पर सहायता लेना, डिजिटल सामाजिकरण से जुड़े तनाव को कम कर सकता है। उन्हें ऑनलाइन और ऑफलाइन बातचीत के बीच एक स्वस्थ संतुलन बनाए रखने के लिए प्रोत्साहित करना भी उन्हें मजबूत, सहायक संबंध बनाने में मदद कर सकता है।

तकनीक के उपयोग के कारण नींद पर पड़ने वाले प्रभाव को समझना भी एक महत्वपूर्ण विचार है। स्क्रीन से निकलने वाली नीली रोशनी मेलाटोनिन उत्पादन में हस्तक्षेप कर सकती है, जो एक हार्मोन है जो नींद को नियंत्रित करता है। किशोरों को सोने से पहले स्क्रीन समय को सीमित करने और एक आरामदायक सोने की दिनचर्या बनाने के लिए प्रोत्साहित करना उनकी नींद की गुणवत्ता में सुधार कर सकता है। नींद के समग्र स्वास्थ्य और शैक्षणिक प्रदर्शन के लिए महत्व पर चर्चा करना किशोरों को स्वस्थ रात्रि की आदतें अपनाने के लिए प्रेरित कर सकता है।

तकनीक की व्यसनी प्रकृति का समाधान करना किशोरों का समर्थन करने का एक और महत्वपूर्ण पहलू है। सोशल मीडिया प्लेटफ़ॉर्म और डिजिटल गेम उपयोगकर्ताओं का ध्यान आकर्षित करने और बनाए रखने के लिए डिज़ाइन किए गए हैं, जिससे अनियंत्रित उपयोग हो सकता है। तकनीक की लत के संकेतों पर चर्चा करना, जैसे जिम्मेदारियों की अनदेखी करना, ऑफलाइन गतिविधियों से दूरी बनाना, और तकनीक तक पहुँचने में असमर्थ होने पर बेचैनी का अनुभव करना, किशोरों को समस्याग्रस्त व्यवहारों को पहचानने और उनका समाधान करने में मदद कर सकता है। उन्हें गतिविधियों और रुचियों की एक विविध श्रृंखला विकसित करने के लिए प्रोत्साहित करना उनके डिजिटल मनोरंजन पर निर्भरता को कम कर सकता है और एक अधिक संतुलित जीवन शैली को बढ़ावा दे सकता है।

मानसिक स्वास्थ्य के लिए संसाधन और समर्थन प्रदान करना सोशल मीडिया

और तकनीक से जुड़ी चुनौतियों को नेविगेट करने में किशोरों की मदद करने के लिए महत्वपूर्ण है। परामर्श सेवाओं, सहायता समूहों, और शैक्षिक सामग्री तक पहुँच किशोरों को उनके डिजिटल अनुभवों के भावनात्मक और मनोवैज्ञानिक प्रभावों से निपटने में मदद कर सकती है। उन्हें आवश्यकता होने पर सहायता लेने के लिए प्रोत्साहित करना और मानसिक स्वास्थ्य के बारे में बातचीत को सामान्य बनाना कलंक को कम कर सकता है और भलाई को बढ़ावा दे सकता है।

शिक्षक भी सोशल मीडिया और तकनीक को नेविगेट करने में किशोरों का समर्थन करने में महत्वपूर्ण भूमिका निभाते हैं। पाठ्यक्रम में डिजिटल साक्षरता शिक्षा को शामिल करना छात्रों को तकनीक का जिम्मेदारी से उपयोग करने के लिए आवश्यक कौशल और ज्ञान से लैस कर सकता है। इसमें छात्रों को ऑनलाइन गोपनीयता, डिजिटल नागरिकता, और तकनीक के नैतिक उपयोग के बारे में सिखाना शामिल हो सकता है। छात्रों को उनके ऑनलाइन अनुभवों पर चर्चा करने और एक-दूसरे से सीखने के अवसर प्रदान करना उनकी समझ और सहनशीलता को बढ़ा सकता है।

समुदाय की भागीदारी स्वस्थ तकनीकी उपयोग को बढ़ावा देने का एक और महत्वपूर्ण पहलू है। सामुदायिक संगठन, जैसे पुस्तकालय, युवा केंद्र, और जागरूकता समूह, किशोरों और उनके परिवारों के लिए मूल्यवान संसाधन और समर्थन प्रदान कर सकते हैं। कार्यशालाएँ, सेमिनार, और सूचनात्मक अभियान सोशल मीडिया और तकनीक के लाभों और जोखिमों के बारे में जागरूकता बढ़ा सकते हैं और डिजिटल दुनिया को नेविगेट करने के लिए व्यावहारिक सुझाव प्रदान कर सकते हैं। सामुदायिक जुड़ाव और सहयोग को प्रोत्साहित करना एक सहायक नेटवर्क बना सकता है जो किशोरों को तकनीक का सकारात्मक और सशक्त तरीके से उपयोग करने में मदद करता है।

संक्षेप में, सोशल मीडिया और तकनीक का प्रबंधन आधुनिक किशोरावस्था का एक जटिल लेकिन आवश्यक पहलू है। किशोरों का समर्थन करना डिजिटल साक्षरता को बढ़ावा देने, स्वस्थ ऑनलाइन व्यवहार को प्रोत्साहित करने, सीमाएँ स्थापित करने, गोपनीयता और सुरक्षा चिंताओं को संबोधित करने, और डिजिटल जीवन के मनोवैज्ञानिक प्रभावों को प्रबंधित करने में शामिल है। खुले संवाद, सकारात्मक भूमिका मॉडलिंग, और संसाधन और समर्थन प्रदान करना किशोरों

को तकनीक का जिम्मेदारी और रचनात्मक तरीके से उपयोग करने में मदद करने के लिए प्रमुख रणनीतियाँ हैं। मिलकर काम करके, माता-पिता, देखभाल करने वाले, शिक्षक, और समुदाय किशोरों को डिजिटल दुनिया को सुरक्षित, आत्मविश्वास से और सकारात्मक रूप से नेविगेट करने के लिए सशक्त बनाने वाला वातावरण बना सकते हैं। यह समग्र दृष्टिकोण यह सुनिश्चित करता है कि किशोर तकनीक के लाभों का आनंद ले सकें, जबकि संबद्ध जोखिमों को कम कर सकें, जो अंततः उनके समग्र भलाई और विकास में योगदान देता है।

"मानसिक स्वास्थ्य शारीरिक स्वास्थ्य जितना ही महत्वपूर्ण है। एक ऐसा वातावरण बनाएँ जहाँ किशोर अपने भावनाओं पर चर्चा करने में सुरक्षित महसूस करें। आवश्यकता होने पर उन्हें सहायता लेने में समर्थन दें।"

10

आत्म-सम्मान और आत्मविश्वास को बढ़ावा देना

किशोरों में आत्म-सम्मान और आत्मविश्वास को बढ़ावा देना उनके विकास का एक महत्वपूर्ण पहलू है, जो उनके भावनात्मक कल्याण, शैक्षणिक प्रदर्शन, और सामाजिक संबंधों पर गहरा प्रभाव डालता है। आत्म-सम्मान व्यक्ति के मूल्य और आत्म-योग्यता की समग्र भावना को संदर्भित करता है, जबकि आत्मविश्वास अपनी क्षमताओं और लक्ष्यों को प्राप्त करने की संभावना में विश्वास को दर्शाता है। ये गुण एक दूसरे से जुड़े हुए हैं और किशोरों की किशोरावस्था और उससे आगे की चुनौतियों का सामना करने की क्षमता में योगदान करते हैं। आत्म-सम्मान और आत्मविश्वास को बढ़ावा देने के लिए, सहायक वातावरण बनाना, सफलता के अवसर प्रदान करना, और किशोरों को स्वयं और उनकी क्षमताओं को महत्व देना सिखाना आवश्यक है।

एक सहायक और पोषणशील वातावरण बनाना किशोरों में आत्म-सम्मान और आत्मविश्वास को बढ़ाने की नींव है। इसमें बिना शर्त प्यार और स्वीकृति दिखाना शामिल है, यह प्रदर्शित करना कि उनकी योग्यता उनके उपलब्धियों या व्यवहार पर निर्भर नहीं है। यह महत्वपूर्ण है कि किशोरों को ऐसा सुरक्षित स्थान प्रदान किया जाए जहाँ वे मूल्यवान और समझे जाने का अनुभव कर सकें, और अपनी सोच और भावनाओं को स्वतंत्र रूप से व्यक्त कर सकें। सक्रिय सुनना और

सहानुभूति इस सहायक वातावरण के प्रमुख घटक हैं, क्योंकि वे किशोरों को सुने और मान्य महसूस करने में मदद करते हैं। खुले संवाद को प्रोत्साहित करना और मार्गदर्शन और समर्थन की पेशकश के लिए उपलब्ध होना उनकी आत्म-योग्यता की भावना को महत्वपूर्ण रूप से प्रभावित कर सकता है।

उपलब्धियों को पहचानना और उनका जश्न मनाना, चाहे वे कितनी भी छोटी क्यों न हों, आत्म-सम्मान और आत्मविश्वास को बढ़ावा देने में महत्वपूर्ण है। उनकी कोशिशों और सफलताओं को स्वीकार करना, चाहे वह शैक्षणिक क्षेत्र में हो, खेलों में हो, कला में हो, या व्यक्तिगत परियोजनाओं में, यह विश्वास को मजबूत करता है कि वे सक्षम और योग्य हैं। यह केवल परिणामों पर ध्यान केंद्रित करने के बजाय उनकी कोशिशों और दृढ़ता की प्रशंसा करना महत्वपूर्ण है। उनके कठिन परिश्रम, दृढ़ निश्चय, और सहनशीलता की प्रशंसा करना उन्हें यह समझने में मदद करता है कि ये गुण मूल्यवान हैं और उनकी सफलता में योगदान देते हैं। यह दृष्टिकोण वृद्धि मानसिकता को प्रोत्साहित करता है, जहाँ वे चुनौतियों को आत्म-मूल्य के लिए खतरे के बजाय सीखने और विकास के अवसरों के रूप में देखते हैं।

किशोरों को सफल होने के अवसर प्रदान करना आत्म-सम्मान और आत्मविश्वास को बढ़ाने का एक और महत्वपूर्ण पहलू है। उन्हें यथार्थवादी और प्राप्त करने योग्य लक्ष्य निर्धारित करने और इन लक्ष्यों तक पहुँचने के उनके प्रयासों में समर्थन देने के लिए प्रोत्साहित करना उन्हें उपलब्धि की भावना बनाने में मदद कर सकता है। यह आवश्यक है कि उन्हें बड़े लक्ष्यों को छोटे, प्रबंधनीय चरणों में विभाजित करने में मार्गदर्शन करें, जिससे प्रक्रिया कम भारी और अधिक प्राप्त करने योग्य हो। रचनात्मक प्रतिक्रिया प्रदान करना और रास्ते में उनकी प्रगति का जश्न मनाना उनके आत्मविश्वास और प्रेरणा को बढ़ा सकता है। इसके अलावा, उन्हें जिम्मेदारियों को संभालने और उनके जीवन के क्षेत्रों में निर्णय लेने की अनुमति देना स्वायत्तता और योग्यता की भावना को बढ़ावा देता है।

किशोरों को स्वयं और उनकी क्षमताओं का मूल्य सिखाने का मतलब है कि उन्हें उनके अनूठे गुणों और क्षमताओं को पहचानने में मदद करना। आत्म-चिंतन और आत्म-जागरूकता को प्रोत्साहित करना उन्हें उनकी प्रतिभाओं, कौशल, और रुचि के क्षेत्रों की पहचान करने में मदद कर सकता है। इस प्रक्रिया को जर्नलिंग, शौक में शामिल होने, या ऐसी गतिविधियों में भाग लेने के माध्यम से सुविधा प्रदान

की जा सकती है जो उन्हें उनकी रुचियों का पता लगाने की अनुमति देती हैं। यह महत्वपूर्ण है कि उन्हें उनकी रुचियों का पीछा करने और उनकी प्रतिभाओं को विकसित करने में समर्थन दिया जाए, क्योंकि इससे उद्देश्य और संतुष्टि की भावना उत्पन्न हो सकती है। उन्हें यह समझने में मदद करना कि उनकी योग्यता केवल बाहरी उपलब्धियों पर नहीं, बल्कि उनके अंतर्निहित गुणों और चरित्र पर भी आधारित है, स्थायी आत्म-सम्मान बनाने के लिए महत्वपूर्ण है।

नकारात्मक आत्म-चर्चा और सीमित मान्यताओं को चुनौती देना आत्म-सम्मान और आत्मविश्वास को बढ़ावा देने का एक और महत्वपूर्ण पहलू है। किशोर अक्सर अपने पर्यावरण से नकारात्मक संदेशों को आंतरिक करते हैं, जैसे साथियों की आलोचना, सामाजिक दबाव, या मीडिया में प्रदर्शित अवास्तविक मानक। ये नकारात्मक संदेश आत्म-संदेह और कम आत्म-मूल्य की भावना को जन्म दे सकते हैं। किशोरों को इन नकारात्मक विचारों को पहचानने और चुनौती देने और उन्हें सकारात्मक, पुष्टि करने वाले वक्तव्यों से बदलने के लिए सिखाना उन्हें एक अधिक सकारात्मक आत्म-छवि बनाने में मदद कर सकता है। उन्हें आत्म-दयालुता का अभ्यास करने और विफलता या कठिनाई के क्षणों में स्वयं के साथ दया और समझ का व्यवहार करने के लिए प्रोत्साहित करना उनके आत्म-सम्मान को भी मजबूत कर सकता है।

लचीलापन बनाना आत्म-सम्मान और आत्मविश्वास को बढ़ावा देने का एक प्रमुख घटक है। लचीलापन चुनौतियों और असफलताओं से उबरने की क्षमता है, और यह प्रतिकूल परिस्थितियों का सामना करते समय सकारात्मक आत्म-छवि बनाए रखने के लिए आवश्यक है। किशोरों को समस्याओं को हल करने के कौशल, तनाव प्रबंधन तकनीकों, और भावनात्मक नियंत्रण सिखाना उन्हें कठिनाइयों को अधिक प्रभावी ढंग से नेविगेट करने में मदद कर सकता है। उन्हें असफलताओं को अस्थायी और हल करने योग्य के रूप में देखने के लिए प्रोत्साहित करना, बजाय इसके कि वे उनकी योग्यता का प्रतिबिंब मानें, लचीलापन और आत्मविश्वास की भावना को बढ़ावा दे सकता है। एक ऐसा सहायक वातावरण प्रदान करना जहाँ वे जोखिम लेने और अपनी गलतियों से सीखने में सुरक्षित महसूस करें, लचीलापन बनाने में भी योगदान कर सकता है।

एक मजबूत समर्थन नेटवर्क विकसित करना आत्म-सम्मान और आत्मविश्वास

को बढ़ावा देने के लिए महत्वपूर्ण है। परिवार, दोस्तों, शिक्षकों, और संरक्षकों के साथ सकारात्मक संबंध मूल्यवान प्रोत्साहन, मार्गदर्शन, और समर्थन प्रदान कर सकते हैं। किशोरों को स्वस्थ रिश्ते बनाने और बनाए रखने के लिए, और आवश्यकता होने पर समर्थन लेने के लिए प्रोत्साहित करना, उन्हें जुड़ा हुआ और मूल्यवान महसूस करने में मदद कर सकता है। एक सहायक समुदाय का हिस्सा बनना भी सकारात्मक सामाजिक अंतःक्रियाओं और अनुभवों के लिए अवसर प्रदान कर सकता है जो उनके आत्म-मूल्य और आत्म-सम्मान में योगदान करते हैं।

एक स्वस्थ जीवन शैली को बढ़ावा देना आत्म-सम्मान और आत्मविश्वास को बढ़ावा देने का एक और महत्वपूर्ण पहलू है। शारीरिक स्वास्थ्य और भलाई भावनात्मक और मनोवैज्ञानिक स्वास्थ्य से निकटता से जुड़े हुए हैं। किशोरों को नियमित शारीरिक गतिविधियों में शामिल होने, संतुलित आहार बनाए रखने, और पर्याप्त नींद लेने के लिए प्रोत्साहित करना उनके मूड, ऊर्जा स्तर, और समग्र भलाई पर सकारात्मक प्रभाव डाल सकता है। उन्हें आत्म-देखभाल को प्राथमिकता देने और स्वस्थ विकल्प बनाने के लिए सिखाना उन्हें अपने जीवन पर अधिक नियंत्रण महसूस करने और स्वयं की देखभाल करने की उनकी क्षमता में अधिक आत्मविश्वास महसूस करने में मदद कर सकता है।

सफलता और उपलब्धि पर संतुलित दृष्टिकोण को प्रोत्साहित करना आत्म-सम्मान और आत्मविश्वास को बढ़ावा देने के लिए महत्वपूर्ण है। किशोरों को यह समझने में मदद करना कि सफलता केवल बाहरी उपलब्धियों, जैसे ग्रेड या पुरस्कार, द्वारा परिभाषित नहीं होती है, बल्कि व्यक्तिगत विकास, प्रयास, और चरित्र के विकास द्वारा भी परिभाषित होती है, आवश्यक है। उन्हें आंतरिक लक्ष्यों को निर्धारित करने के लिए प्रोत्साहित करना, जैसे किसी कौशल में सुधार करना या एक सकारात्मक आदत विकसित करना, उन्हें बाहरी मान्यता के बजाय व्यक्तिगत विकास पर ध्यान केंद्रित करने में मदद कर सकता है। यह संतुलित दृष्टिकोण अवास्तविक मानकों को पूरा करने के दबाव को कम कर सकता है और उन्हें अपनी अनूठी यात्रा और प्रगति की सराहना करने में मदद कर सकता है।

डिजिटल युग में मीडिया साक्षरता भी आत्म-सम्मान और आत्मविश्वास को बढ़ावा देने में महत्वपूर्ण है। किशोर लगातार ऐसी छवियों और संदेशों के संपर्क

में रहते हैं जो उनकी आत्म-धारणा को प्रभावित कर सकते हैं, जैसे अवास्तविक सौंदर्य मानक, भौतिकवाद, और सोशल मीडिया पर आदर्शीकृत जीवन शैली का चित्रण। उन्हें मीडिया संदेशों का आलोचनात्मक रूप से मूल्यांकन करने और वास्तविकता और अक्सर संपादित, क्यूरेटेड सामग्री के बीच के अंतर को समझने के लिए सिखाना उन्हें एक स्वस्थ आत्म-छवि बनाए रखने में मदद कर सकता है। सकारात्मक, उत्साहवर्धक खातों का अनुसरण करके और सोशल मीडिया उपयोग के आसपास सीमाएँ निर्धारित करके उनका डिजिटल वातावरण क्यूरेट करने के लिए उन्हें प्रोत्साहित करना उनके आत्म-सम्मान का समर्थन कर सकता है।

अंत में, आत्म-सम्मान और आत्मविश्वास को बढ़ावा देना समुदाय में योगदान देने और सकारात्मक प्रभाव डालने के लिए किशोरों को प्रोत्साहित करने में शामिल है। स्वेच्छा से काम करने, सामुदायिक सेवा में भाग लेने, या दयालुता के कार्यों में शामिल होने से उन्हें उद्देश्य और संतुष्टि की भावना विकसित करने में मदद मिल सकती है। ये अनुभव इस विश्वास को मजबूत कर सकते हैं कि वे फर्क करने और दूसरों की भलाई में योगदान देने की क्षमता रखते हैं। उन्हें अपने समुदाय को वापस देने और उसका समर्थन करने के तरीके खोजने के लिए प्रोत्साहित करना उन्हें एक सकारात्मक आत्म-छवि बनाने और उनके आत्म-सम्मान को मजबूत करने में मदद कर सकता है।

संक्षेप में, किशोरों में आत्म-सम्मान और आत्मविश्वास को बढ़ावा देना एक बहुआयामी प्रक्रिया है जिसमें सहायक वातावरण बनाना, उपलब्धियों को पहचानना और उनका जश्न मनाना, सफलता के अवसर प्रदान करना, उन्हें स्वयं और उनकी क्षमताओं को महत्व देना सिखाना, नकारात्मक आत्म-चर्चा को चुनौती देना, लचीलापन बनाना, एक मजबूत समर्थन नेटवर्क विकसित करना, स्वस्थ जीवन शैली को बढ़ावा देना, उपलब्धि पर संतुलित दृष्टिकोण को प्रोत्साहित करना, मीडिया साक्षरता सिखाना, और सामुदायिक भागीदारी को प्रोत्साहित करना शामिल है। इन पहलुओं पर ध्यान केंद्रित करके, माता-पिता, शिक्षक, और देखभाल करने वाले किशोरों को आत्म-सम्मान और आत्मविश्वास विकसित करने में मदद कर सकते हैं, जो उन्हें किशोरावस्था की चुनौतियों का सामना करने और उनके भविष्य के लिए एक सकारात्मक आधार बनाने की आवश्यकता है।

"रचनात्मकता आत्म-अभिव्यक्ति के लिए एक शक्तिशाली माध्यम है। किशोरों को कला, संगीत, लेखन, या अन्य रचनात्मक गतिविधियों के माध्यम से अपनी रुचियों का पता लगाने के लिए प्रोत्साहित करें। यह अन्वेषण आत्मविश्वास और आत्म-खोज को बढ़ावा देता है।"

11

12

रचनात्मक अभिव्यक्ति को प्रोत्साहित करना

किशोरों में रचनात्मक अभिव्यक्ति को प्रोत्साहित करना उनके समग्र विकास और कल्याण के लिए आवश्यक है। रचनात्मक अभिव्यक्ति किशोरों को अपने विचारों, भावनाओं, और पहचान को खोजने का अवसर प्रदान करती है, जो आत्म-खोज और आत्म-अभिव्यक्ति के लिए एक माध्यम है। यह आलोचनात्मक सोच, समस्या-समाधान कौशल, और भावनात्मक लचीलापन को भी बढ़ावा देती है। किशोरों को उनके रचनात्मक प्रयासों में समर्थन देना उन्हें उनके अद्वितीय प्रतिभाओं और रुचियों का पता लगाने और विकसित करने के लिए अवसर, संसाधन, और प्रोत्साहन प्रदान करने में शामिल है।

रचनात्मकता मानव स्वभाव का एक मौलिक पहलू है, और यह विभिन्न रूपों में प्रकट होती है, जैसे कि दृश्य कला, संगीत, लेखन, नृत्य, रंगमंच, और डिजिटल मीडिया। प्रत्येक किशोर के पास अपनी रचनात्मकता व्यक्त करने का अनूठा तरीका होता है, और इन व्यक्तिगत भिन्नताओं को पहचानना और पोषण करना महत्वपूर्ण है। रचनात्मक अभिव्यक्ति को प्रोत्साहित करके, हम किशोरों को स्वयं की एक मजबूत समझ विकसित करने और अपनी क्षमताओं में आत्मविश्वास बनाने में मदद कर सकते हैं।

रचनात्मक अभिव्यक्ति को प्रोत्साहित करने के सबसे प्रभावी तरीकों में से एक है विभिन्न रचनात्मक गतिविधियों और संसाधनों तक पहुँच प्रदान करना।

इसमें किशोरों को कला कक्षाओं, संगीत पाठों, लेखन कार्यशालाओं, या रंगमंच कार्यक्रमों में दाखिला दिलाना शामिल हो सकता है। स्कूल और सामुदायिक केंद्र अक्सर विभिन्न रचनात्मक रुचियों को पूरा करने वाली सह-पाठ्यचर्या गतिविधियाँ प्रदान करते हैं। सामग्री और उपकरण, जैसे कि कला आपूर्ति, संगीत वाद्ययंत्र, या डिजिटल सॉफ़्टवेयर उपलब्ध कराना किशोरों को घर पर अपनी रचनात्मकता का पता लगाने में सक्षम बना सकता है। रचनात्मक गतिविधियों के लिए एक समर्पित स्थान बनाना, चाहे वह कमरे का एक कोना हो या एक स्टूडियो, कलात्मक अन्वेषण के लिए एक अनुकूल वातावरण प्रदान कर सकता है।

रचनात्मक प्रयासों में प्रयोग और खेल को प्रोत्साहित करना महत्वपूर्ण है। रचनात्मकता अक्सर एक ऐसे वातावरण में पनपती है जहाँ बिना निर्णय या असफलता के डर के साथ अन्वेषण की स्वतंत्रता हो। किशोरों को नई चीज़ों को आज़माने, विभिन्न तकनीकों के साथ प्रयोग करने, और जोखिम उठाने के लिए प्रोत्साहित करना उन्हें उनकी रचनात्मक क्षमताओं को विकसित करने और नई रुचियों की खोज करने में मदद कर सकता है। यह महत्वपूर्ण है कि इस बात पर जोर दिया जाए कि रचनात्मक प्रक्रिया अंतिम उत्पाद से अधिक महत्वपूर्ण है। निर्माण में शामिल आनंद और अन्वेषण पर ध्यान केंद्रित करके, किशोर बाहरी मान्यता से परे रचनात्मक अभिव्यक्ति के लिए एक प्रेम विकसित कर सकते हैं।

सकारात्मक प्रतिक्रिया और रचनात्मक आलोचना प्रदान करना रचनात्मकता को पोषित करने में महत्वपूर्ण है। सकारात्मक प्रतिक्रिया किशोर के प्रयासों और उपलब्धियों को सुदृढ़ करती है, उनके आत्मविश्वास और प्रेरणा को बढ़ाती है। रचनात्मक आलोचना, जब एक सहायक और सम्मानजनक तरीके से दी जाती है, किशोरों को उनके कौशल में सुधार करने और उनके अनुभवों से सीखने में मदद कर सकती है। प्रशंसा को सहायक सुझावों के साथ संतुलित करना महत्वपूर्ण है, किशोरों को उनके काम पर विचार करने और विकास के क्षेत्रों की पहचान करने के लिए मार्गदर्शन देना। आत्म-चिंतन और आत्म-मूल्यांकन को प्रोत्साहित करना भी उन्हें एक आलोचनात्मक दृष्टिकोण विकसित करने और उनकी रचनात्मक प्रक्रिया की गहरी समझ में मदद कर सकता है।

रोल मॉडल और संरक्षक रचनात्मक अभिव्यक्ति को प्रोत्साहित करने में महत्वपूर्ण भूमिका निभा सकते हैं। प्रतिष्ठित कलाकारों, संगीतकारों, लेखकों,

और प्रदर्शनकारियों के संपर्क में आना किशोरों को प्रेरित कर सकता है और उनके चुने हुए क्षेत्रों के बारे में बहुमूल्य अंतर्दृष्टि प्रदान कर सकता है। संरक्षक मार्गदर्शन, समर्थन, और प्रोत्साहन की पेशकश कर सकते हैं, किशोरों को उनकी रचनात्मक यात्राओं की चुनौतियों को नेविगेट करने में मदद कर सकते हैं। कार्यशालाओं, मास्टरक्लास, या इंटर्नशिप के माध्यम से रचनात्मक पेशेवरों से जुड़ना किशोरों को वास्तविक दुनिया का अनुभव और रचनात्मक उद्योगों की गहरी समझ प्रदान कर सकता है।

रचनात्मक अभिव्यक्ति को प्रोत्साहित करने में सहयोग और सामुदायिक भागीदारी को बढ़ावा देना भी सहायक हो सकता है। रचनात्मक परियोजनाओं पर दूसरों के साथ काम करना, जैसे कि समूह कला स्थापना, संगीत मंडल, या रंगमंच प्रस्तुतियाँ, टीम वर्क, संचार, और समस्या-समाधान कौशल को बढ़ावा दे सकता है। सामुदायिक सहभागिता, जैसे कि स्थानीय कला प्रदर्शनियों, प्रस्तुतियों, या उत्सवों में भाग लेना, किशोरों को उनके काम को प्रदर्शित करने और व्यापक दर्शकों से जुड़ने के लिए एक मंच प्रदान कर सकता है।

रचनात्मकता को दैनिक जीवन में एकीकृत करने का समर्थन करना किशोरों की दिनचर्या का एक स्वाभाविक और सुखद हिस्सा बना सकता है। जर्नल रखना, स्केचिंग करना, कोई वाद्य यंत्र बजाना, या रचनात्मक लेखन जैसी गतिविधियों को प्रोत्साहित करना किशोरों को अपने दैनिक जीवन में रचनात्मकता को शामिल करने में मदद कर सकता है। ये गतिविधियाँ आत्म-देखभाल के रूप में काम कर सकती हैं, तनाव से राहत और भावनात्मक अभिव्यक्ति का माध्यम प्रदान कर सकती हैं। खाना पकाने, सजावट, या बागवानी जैसी रोज़मर्रा की गतिविधियों में रचनात्मकता को प्रोत्साहित करना किशोरों को यह दिखाने में मदद कर सकता है कि रचनात्मकता जीवन का एक बहुमुखी और अभिन्न हिस्सा है।

रचनात्मक अभिव्यक्ति के सांस्कृतिक और व्यक्तिगत महत्व को पहचानना और उसका सम्मान करना भी आवश्यक है। रचनात्मकता अक्सर सांस्कृतिक पहचान और विरासत के साथ गहराई से जुड़ी होती है। किशोरों को रचनात्मक गतिविधियों के माध्यम से अपनी सांस्कृतिक पृष्ठभूमि का अन्वेषण और उत्सव मनाने के लिए प्रोत्साहित करना गर्व और अपनी जड़ों से जुड़ाव की भावना को बढ़ावा दे सकता है। यह महत्वपूर्ण है कि रचनात्मकता के प्रकट होने के विभिन्न तरीकों

को, जो विभिन्न संस्कृतियों और व्यक्तियों में मौजूद हैं, समझा और सराहा जाए। रचनात्मक अभिव्यक्ति में विविधता और समावेशिता का उत्सव मनाकर, हम सभी किशोरों के लिए एक अधिक समृद्ध और सहायक वातावरण बना सकते हैं।

तकनीक और डिजिटल मीडिया रचनात्मक अभिव्यक्ति के लिए नए और रोमांचक अवसर प्रदान करते हैं। डिजिटल टूल और प्लेटफ़ॉर्म, जैसे कि ग्राफिक डिजाइन सॉफ़्टवेयर, संगीत निर्माण ऐप, और सोशल मीडिया, किशोरों को उनके काम को बनाने और साझा करने के लिए अभिनव तरीके प्रदान करते हैं। किशोरों को डिजिटल रचनात्मकता का अन्वेषण करने के लिए प्रोत्साहित करना उन्हें आज की तकनीकी-संचालित दुनिया में प्रासंगिक मूल्यवान कौशल विकसित करने में मदद कर सकता है। यह महत्वपूर्ण है कि इन उपकरणों का जिम्मेदारी और नैतिकता के साथ उपयोग करने में उनका मार्गदर्शन किया जाए, मौलिकता और बौद्धिक संपदा का सम्मान करने के महत्व पर जोर दिया जाए।

रचनात्मकता अकादमिक और बौद्धिक विकास में भी महत्वपूर्ण भूमिका निभाती है। शैक्षणिक विषयों में रचनात्मक सोच और समस्या-समाधान को प्रोत्साहित करना सीखने और जुड़ाव को बढ़ा सकता है। पाठ्यक्रम में रचनात्मक परियोजनाओं का एकीकरण, जैसे कि विज्ञान प्रयोग, ऐतिहासिक पुनः अभिव्यक्तियाँ, या रचनात्मक लेखन कार्य, शिक्षा को अधिक गतिशील और आनंददायक बना सकते हैं। किशोरों को जिज्ञासा और खुले दिमाग के साथ समस्याओं का सामना करने के लिए प्रोत्साहित करना नवाचार और आलोचनात्मक सोच कौशल को बढ़ावा दे सकता है जो जीवन के सभी क्षेत्रों में लागू होते हैं।

माता-पिता और देखभाल करने वाले रचनात्मक अभिव्यक्ति का समर्थन कर सकते हैं यदि वे किशोरों के साथ रचनात्मक गतिविधियों में सक्रिय रूप से भाग लेते हैं। पारिवारिक कला परियोजनाओं में शामिल होना, एक साथ संगीत कार्यक्रम या रंगमंच प्रस्तुतियों में जाना, या संग्रहालयों और सांस्कृतिक कार्यक्रमों का अन्वेषण करना साझा अनुभव बना सकते हैं और पारिवारिक संबंधों को मजबूत कर सकते हैं। किशोरों के रचनात्मक कार्यों में रुचि और प्रशंसा दिखाना, चाहे वह माध्यम या विशेषज्ञता के स्तर की परवाह किए बिना, रचनात्मकता के मूल्य को सुदृढ़ करता है और भावनात्मक समर्थन प्रदान करता है।

रचनात्मक अभिव्यक्ति को प्रोत्साहित करने में संभावित बाधाओं और चुनौतियों का समाधान करना भी शामिल है। किशोर संसाधनों की कमी, असफलता के डर, या कुछ अपेक्षाओं के अनुरूप होने के बाहरी दबाव जैसे बाधाओं का सामना कर सकते हैं। इन चुनौतियों को सहानुभूति और समर्थन के साथ संबोधित करना महत्वपूर्ण है। सस्ती या मुफ्त रचनात्मक कार्यक्रमों तक पहुँच प्रदान करना, भावनात्मक प्रोत्साहन की पेशकश करना, और शिक्षा और व्यक्तिगत विकास में रचनात्मकता के महत्व की वकालत करना इन बाधाओं को दूर करने में मदद कर सकता है। रचनात्मकता के बारे में रूढ़ियों और गलत धारणाओं को चुनौती देना भी महत्वपूर्ण है, यह जोर देते हुए कि यह केवल कलात्मक प्रतिभा तक सीमित नहीं है, बल्कि एक मूल्यवान कौशल है जिसे विकसित किया जा सकता है और विभिन्न संदर्भों में लागू किया जा सकता है।

रचनात्मक अभिव्यक्ति को प्रोत्साहित करने के लाभ व्यक्तिगत से लेकर व्यापक समुदाय और समाज तक फैले हुए हैं। रचनात्मक अभिव्यक्ति नवाचार, सांस्कृतिक समृद्धि, और सामाजिक एकजुटता को बढ़ावा देती है। किशोरों में रचनात्मकता को पोषित करके, हम एक अधिक जीवंत और गतिशील समाज में योगदान करते हैं जो अभिव्यक्ति के विविध रूपों को महत्व देता है और उनका उत्सव मनाता है। रचनात्मकता सकारात्मक सामाजिक परिवर्तन को भी प्रेरित कर सकती है, क्योंकि यह नए दृष्टिकोणों, सहानुभूति, और जटिल मुद्दों के अन्वेषण को प्रोत्साहित करती है।

संक्षेप में, किशोरों में रचनात्मक अभिव्यक्ति को प्रोत्साहित करना एक बहुआयामी प्रयास है जिसमें उनके अद्वितीय प्रतिभाओं और रुचियों को खोजने और विकसित करने में मदद करने के लिए अवसर, संसाधन, और समर्थन प्रदान करना शामिल है। एक सहायक वातावरण बनाकर, सकारात्मक प्रतिक्रिया की पेशकश करके, संरक्षकों के साथ जुड़कर, सहयोग और सामुदायिक भागीदारी को बढ़ावा देकर, दैनिक जीवन में रचनात्मकता को एकीकृत करके, सांस्कृतिक विविधता को अपनाकर, तकनीक का लाभ उठाकर, शैक्षणिक रचनात्मकता को बढ़ावा देकर, और बाधाओं को संबोधित करके, हम किशोरों को आत्मविश्वास बनाने, महत्वपूर्ण कौशल विकसित करने, और उनके रचनात्मक प्रयासों में आनंद और संतुष्टि पाने में मदद कर सकते हैं। रचनात्मक अभिव्यक्ति का समर्थन न

केवल व्यक्तिगत किशोरों को लाभान्वित करता है, बल्कि हमारे समुदायों और समाज को भी समृद्ध करता है।

केवल व्यक्तिगत किशोरों को लाभान्वित करता है, बल्कि हमारे समुदायों और समाज को भी समृद्ध करता है।

"शैक्षणिक और करियर योजना भविष्य की सफलता के लिए महत्वपूर्ण हैं। किशोरों को यथार्थवादी लक्ष्य निर्धारित करने और अपनी रुचियों का अन्वेषण करने में मदद करें। विकास के लिए मार्गदर्शन और अवसर प्रदान करें।"

13

जिम्मेदारी और उत्तरदायित्व का भाव विकसित करना

किशोरों में जिम्मेदारी और उत्तरदायित्व का भाव विकसित करना उन्हें सक्षम और संतुलित वयस्क बनने में मदद करने का एक महत्वपूर्ण पहलू है। जिम्मेदारी का मतलब है कि वे अपने कर्तव्यों और कार्यों को समझें और स्वीकार करें, जबकि उत्तरदायित्व का अर्थ है कि वे अपने कार्यों और निर्णयों के परिणामों को स्वीकार करें। ये गुण व्यक्तिगत और पेशेवर जीवन दोनों में सफलता के लिए आवश्यक हैं। जिम्मेदारी और उत्तरदायित्व को प्रोत्साहित करके, हम किशोरों को आत्म-अनुशासन, ईमानदारी और भरोसेमंदता की भावना विकसित करने में मदद करते हैं, जो उनके भविष्य की सफलता और भलाई के लिए बुनियादी हैं।

जिम्मेदारी सिखाने का पहला महत्वपूर्ण कदम यह है कि किशोरों को उनकी आयु के अनुसार उपयुक्त कार्य और कर्तव्य दिए जाएं। इन जिम्मेदारियों में घरेलू कामों से लेकर शैक्षणिक प्रतिबद्धताओं और सह-पाठ्यचर्या गतिविधियों तक कुछ भी शामिल हो सकता है। विशिष्ट कार्य सौंपना, जैसे कि अपना कमरा साफ करना, कपड़े धोना, या भोजन तैयार करने में मदद करना, किशोरों को घर में योगदान देने के महत्व को समझने में मदद करता है। यह उन्हें जीवन के वे महत्वपूर्ण कौशल भी सिखाता है जो उन्हें वयस्कता में आवश्यक होंगे। इन कार्यों को नियमित रूप से सौंपना और उनकी पूर्णता की अपेक्षा करना इस विचार को सुदृढ़ करता है कि वे

अपने योगदान के लिए उत्तरदायी हैं।

किशोरों को अपनी समय-सारिणी और प्रतिबद्धताओं को प्रबंधित करना सिखाना जिम्मेदारी को बढ़ावा देने का एक और महत्वपूर्ण पहलू है। इसमें उन्हें कैलेंडर, योजनाकार, या डिजिटल टूल का उपयोग करना सिखाना शामिल है ताकि वे अपनी गतिविधियों, समय-सीमाओं, और नियुक्तियों का ध्यान रख सकें। अपनी समय-सारिणी की जिम्मेदारी लेने से किशोर प्राथमिकताओं को तय करना, समय का प्रभावी प्रबंधन करना, और अपनी विभिन्न जिम्मेदारियों को संतुलित करना सीखते हैं। इन कौशलों को विकसित करने के लिए मार्गदर्शन और समर्थन प्रदान करना महत्वपूर्ण है, जैसे कि समय प्रबंधन और संगठन पर सुझाव देना, जबकि उन्हें अपने अनुभवों से सीखने और अपने निर्णय लेने की स्वतंत्रता देना।

शैक्षणिक जिम्मेदारियां किशोरों के जीवन का एक महत्वपूर्ण हिस्सा हैं। उन्हें अपने शिक्षा के प्रति स्वामित्व लेने के लिए प्रोत्साहित करना—लक्ष्य निर्धारित करके, अपने असाइनमेंट का प्रबंधन करके, और आवश्यकता पड़ने पर मदद मांगकर—उनके सीखने के प्रति उत्तरदायित्व की भावना को बढ़ावा देता है। यह महत्वपूर्ण है कि एक विकासशील मानसिकता को बढ़ावा दिया जाए, जहां प्रयास और धैर्य को स्वाभाविक क्षमता से अधिक महत्व दिया जाए। कड़ी मेहनत और सीखने की प्रक्रिया के महत्व पर जोर देकर, न कि केवल अंतिम ग्रेड पर, किशोर अपनी शिक्षा के प्रति अधिक दृढ़ और प्रेरित दृष्टिकोण विकसित कर सकते हैं। एक सहायक वातावरण प्रदान करना, जहां वे अपनी समस्याओं पर चर्चा करने और मदद मांगने में सहज महसूस करते हैं, उनके शैक्षणिक सफलता के प्रति जिम्मेदारी की भावना को और मजबूत कर सकता है।

सह-पाठ्यचर्या गतिविधियां और अंशकालिक नौकरियां भी किशोरों को जिम्मेदारी और उत्तरदायित्व विकसित करने के लिए मूल्यवान अवसर प्रदान करती हैं। खेल, क्लब, या स्वयंसेवा कार्य में भागीदारी प्रतिबद्धता, टीम वर्क, और भरोसेमंदता की आवश्यकता होती है। ये गतिविधियां किशोरों को अपनी प्रतिबद्धताओं का पालन करना, दूसरों के साथ सहयोग करना, और अपने समय का प्रभावी प्रबंधन करना सिखाती हैं। विशेष रूप से अंशकालिक नौकरियां, समय पर उपस्थित होने, कार्यों को कुशलता से पूरा करने, और वित्त प्रबंधन जैसे जिम्मेदारियों को संभालने में व्यावहारिक अनुभव प्रदान करती हैं। ये अनुभव

किशोरों को कार्यस्थल की अपेक्षाओं को समझने और भविष्य के करियर में आवश्यक कौशल विकसित करने में मदद करते हैं।

स्पष्ट संचार और स्पष्ट अपेक्षाएं जिम्मेदारी और उत्तरदायित्व को बढ़ावा देने में महत्वपूर्ण हैं। किशोरों को यह समझने की आवश्यकता है कि उनसे क्या अपेक्षित है और ये अपेक्षाएं क्यों महत्वपूर्ण हैं। नियमों, जिम्मेदारियों, और उनके पूरा न होने के परिणामों के बारे में स्पष्ट संचार किशोरों को उनके कार्यों के प्रभाव को समझने में मदद करता है। परिवार के नियमों और अपेक्षाओं पर चर्चा में उन्हें शामिल करना महत्वपूर्ण है, जिससे उन्हें अपनी राय व्यक्त करने और समझौतों पर बातचीत करने की अनुमति मिलती है। यह सहयोगात्मक दृष्टिकोण स्वामित्व और उत्तरदायित्व की भावना को बढ़ावा देता है, क्योंकि किशोर उन नियमों और जिम्मेदारियों का पालन करने की अधिक संभावना रखते हैं जिन्हें उन्होंने बनाने में मदद की है।

सकारात्मक और नकारात्मक दोनों परिणाम जिम्मेदारी सिखाने में महत्वपूर्ण भूमिका निभाते हैं। सकारात्मक सुदृढीकरण, जैसे कार्यों को पूरा करने और अपेक्षाओं को पूरा करने के लिए प्रशंसा या पुरस्कार, किशोरों को अपने कार्यों के प्रति जिम्मेदारी लेने के लिए प्रेरित कर सकता है। उनके प्रयासों और सफलताओं को पहचानना महत्वपूर्ण है, यह विचार सुदृढ़ करने के लिए कि जिम्मेदार व्यवहार की सराहना और मूल्यवान है। नकारात्मक परिणाम, जैसे विशेषाधिकारों का नुकसान या अतिरिक्त कार्य, जिम्मेदारियों को पूरा करने में विफलता को संबोधित करने के लिए उपयोग किए जाने चाहिए। यह महत्वपूर्ण है कि परिणाम उचित, सुसंगत, और प्रश्न में व्यवहार से सीधे संबंधित हों। इससे किशोरों को उनके कार्यों और परिणामों के बीच के संबंध को समझने में मदद मिलती है, जो उनके उत्तरदायित्व की भावना को सुदृढ़ करता है।

जिम्मेदार और उत्तरदायी व्यवहार को प्रदर्शित करना सिखाने का सबसे प्रभावी तरीका है। किशोर अक्सर अपने जीवन के वयस्कों को देखकर सीखते हैं। अपनी स्वयं की जिम्मेदारियों को पूरा करके, ईमानदारी और अखंडता प्रदर्शित करके एक शक्तिशाली उदाहरण प्रस्तुत करें। इसमें अपनी जिम्मेदारियों को निभाना, गलतियों को स्वीकार करना, और आवश्यकतानुसार सुधारात्मक कार्रवाई करना शामिल है। अपने निर्णय लेने की प्रक्रियाओं पर चर्चा करना और यह समझाना

कि आप अपनी जिम्मेदारियों को कैसे संभालते हैं, किशोरों को मूल्यवान अंतर्दृष्टि और मार्गदर्शन प्रदान कर सकता है। जिम्मेदार व्यवहार का मॉडल बनाकर, आप दिखाते हैं कि ये गुण महत्वपूर्ण और हासिल किए जा सकते हैं।

आत्म-चिंतन और आत्म-मूल्यांकन को प्रोत्साहित करना किशोरों को जिम्मेदारी और उत्तरदायित्व की गहरी समझ विकसित करने में मदद करता है। नियमित रूप से उनके अनुभवों, चुनौतियों, और सफलताओं पर चर्चा करना उन्हें अपने कार्यों पर विचार करने और सुधार के क्षेत्रों की पहचान करने की अनुमति देता है। उन्हें व्यक्तिगत लक्ष्य निर्धारित करने और उनकी प्रगति पर नज़र रखने के लिए प्रोत्साहित करना उनके विकास पर स्वामित्व की भावना को बढ़ावा देता है। यह महत्वपूर्ण है कि आप एक सहायक वातावरण बनाएं जहां वे अपनी गलतियों पर चर्चा करने और उनसे सीखने में सहज महसूस करें। आत्म-चिंतन को बढ़ावा देकर, आप किशोरों को अपने व्यवहार का मूल्यांकन करने और जिम्मेदार निर्णय लेने की क्षमता विकसित करने में मदद करते हैं।

निर्णय लेने के कौशल सिखाना जिम्मेदारी और उत्तरदायित्व को स्थापित करने का एक और महत्वपूर्ण पहलू है। किशोरों को यह समझने में मदद करना कि विचारशील और सूचित निर्णय लेने में क्या कदम शामिल हैं, उन्हें अपने कार्यों पर नियंत्रण करने के लिए सशक्त बना सकता है। इसमें समस्या की पहचान करना, विभिन्न विकल्पों पर विचार करना, संभावित परिणामों का वजन करना, और एक विकल्प बनाना शामिल है। उन्हें अपने निर्णयों के बारे में गंभीरता से सोचने और दीर्घकालिक प्रभावों पर विचार करने के लिए प्रोत्साहित करना, उन्हें समस्या-समाधान के प्रति एक अधिक जिम्मेदार दृष्टिकोण विकसित करने में मदद कर सकता है। उन्हें कम जोखिम वाले और अधिक महत्वपूर्ण स्थितियों में निर्णय लेने का अभ्यास करने के अवसर प्रदान करना इस क्षेत्र में उनके आत्मविश्वास और क्षमता को बढ़ाने में मदद करता है।

लचीलापन और मुकाबला करने के कौशल का निर्माण करना आवश्यक है ताकि किशोर उन चुनौतियों और असफलताओं को संभाल सकें जिनका वे अनिवार्य रूप से सामना करेंगे। उन्हें तनाव का प्रबंधन करना, निराशा से निपटना, और गलतियों से उबरना सिखाना उनकी भावनात्मक भलाई के प्रति उत्तरदायित्व की भावना को बढ़ावा देता है। उन्हें स्वस्थ मुकाबला करने की रणनीतियों को

विकसित करने के लिए प्रोत्साहित करना, जैसे व्यायाम, माइंडफुलनेस, या एक भरोसेमंद मित्र या वयस्क से बात करना, उन्हें कठिन परिस्थितियों को अधिक प्रभावी ढंग से नेविगेट करने में मदद कर सकता है। लचीलापन का निर्माण करके, किशोर अपने कार्यों की जिम्मेदारी लेने और अपने अनुभवों से सीखने के लिए बेहतर तरीके से सुसज्जित होते हैं।

समुदाय में भागीदारी और सामाजिक जिम्मेदारी को प्रोत्साहित करना किशोरों में व्यापक उत्तरदायित्व की भावना विकसित करने में मदद कर सकता है। सामुदायिक सेवा, स्वयंसेवा, या नागरिक गतिविधियों में भाग लेना उन्हें दूसरों और समुदाय की भलाई में योगदान देने के महत्व को सिखाता है। ये अनुभव उन्हें यह समझने में मदद करते हैं कि उनके कार्यों का व्यापक प्रभाव हो सकता है और समाज में सकारात्मक योगदान देने की जिम्मेदारी भी उनकी है। इन गतिविधियों में नेतृत्व की भूमिकाओं को अपनाने के लिए उन्हें प्रोत्साहित करना उनके उत्तरदायित्व की भावना और पहल करने की क्षमता को और विकसित कर सकता है।

सकारात्मक आत्म-छवि और आत्म-मूल्य को बढ़ावा देना जिम्मेदारी और उत्तरदायित्व विकसित करने के लिए महत्वपूर्ण है। किशोर जो अपनी क्षमताओं में आत्मविश्वास महसूस करते हैं और अपने आप को महत्व देते हैं, वे अपने कार्यों की जिम्मेदारी लेने और अपनी जिम्मेदारियों को पूरा करने के लिए अधिक इच्छुक होते हैं। उन्हें अपनी ताकतों को पहचानने, अपनी उपलब्धियों का जश्न मनाने, और यथार्थवादी लक्ष्य निर्धारित करने के लिए प्रोत्साहित करना उनकी आत्म-सम्मान को बढ़ाने में मदद कर सकता है। यह महत्वपूर्ण है कि उन्हें समर्थन और प्रोत्साहन प्रदान करें, साथ ही उन्हें अपनी सीमाओं को बढ़ाने और नई जिम्मेदारियां लेने के लिए प्रेरित करें। सकारात्मक आत्म-छवि को बढ़ावा देकर, आप किशोरों को उनके कार्यों के प्रति जिम्मेदारी लेने और सफलता प्राप्त करने के लिए आत्मविश्वास और प्रेरणा विकसित करने में मदद करते हैं।

स्वतंत्रता और स्वायत्तता के अवसर प्रदान करना जिम्मेदारी और उत्तरदायित्व विकसित करने के लिए महत्वपूर्ण है। किशोरों को अपने निर्णय लेने, चुनौतियों का सामना करने, और अपनी गलतियों से सीखने की अनुमति देना उनके जीवन के प्रति स्वामित्व की भावना को बढ़ावा देता है। यह महत्वपूर्ण है कि मार्गदर्शन और

समर्थन प्रदान करने और उन्हें अन्वेषण और जोखिम लेने की स्वतंत्रता देने के बीच संतुलन स्थापित किया जाए। उन्हें नई जिम्मेदारियां लेने के लिए प्रोत्साहित करना, जैसे कि अपनी वितीय प्रबंधन करना, अपनी शिक्षा और करियर के बारे में निर्णय लेना, या कार्यक्रमों की योजना बनाना और उन्हें व्यवस्थित करना, उन्हें वयस्कता को नेविगेट करने के लिए आवश्यक कौशल और आत्मविश्वास विकसित करने में मदद करता है।

अंत में, किशोरों में जिम्मेदारी और उत्तरदायित्व को बढ़ावा देना एक बहुआयामी प्रक्रिया है, जिसमें अवसर प्रदान करना, स्पष्ट अपेक्षाएं स्थापित करना, जिम्मेदार व्यवहार को मॉडल करना, और आत्म-चिंतन और निर्णय लेने को प्रोत्साहित करना शामिल है। एक सहायक वातावरण बनाकर, सकारात्मक सुदृढीकरण और निष्पक्ष परिणामों को बढ़ावा देकर, और स्वतंत्रता और सामुदायिक भागीदारी को प्रोत्साहित करके, हम किशोरों को व्यक्तिगत और पेशेवर जीवन में सफलता के लिए आवश्यक गुण विकसित करने में मदद कर सकते हैं। ये प्रयास न केवल उनके विकास और प्रगति में योगदान करते हैं, बल्कि उन्हें जिम्मेदार, उत्तरदायी, और सक्षम वयस्क बनने के लिए भी तैयार करते हैं, जो आत्मविश्वास और ईमानदारी के साथ दुनिया की जटिलताओं को नेविगेट कर सकते हैं।

"असफलता एक बाधा नहीं, बल्कि सफलता की ओर एक कदम है। किशोरों को सिखाएं कि चुनौतियों को सीखने के अवसर के रूप में देखें। लचीलापन और धैर्य को प्रोत्साहित करें।"

❧

14

यौनिकता और संबंध

यौनिकता और संबंधों को समझना और उनका प्रबंधन किशोरावस्था का एक महत्वपूर्ण हिस्सा है। जैसे-जैसे किशोर शारीरिक, भावनात्मक और मानसिक बदलावों से गुजरते हैं, वे अपनी यौन पहचान को तलाशना और रोमांटिक संबंध बनाना शुरू करते हैं। यह खोज और समझ का समय उनके विकास के लिए आवश्यक है, लेकिन यह चुनौतियों और जोखिमों के साथ भी आता है। सटीक जानकारी, भावनात्मक समर्थन, और खुला संवाद प्रदान करना आवश्यक है ताकि किशोर सूचित निर्णय ले सकें और यौनिकता और संबंधों के प्रति स्वस्थ दृष्टिकोण विकसित कर सकें।

यौनिकता मानव होने का एक स्वाभाविक और अभिन्न हिस्सा है। इसमें यौन झुकाव, यौन व्यवहार, लैंगिक पहचान, और प्रजनन स्वास्थ्य शामिल हैं। किशोरावस्था के दौरान, किशोर अपनी यौन भावनाओं और आकर्षणों के प्रति अधिक जागरूक हो जाते हैं, जो रोमांचक होने के साथ-साथ भ्रमित और भारी भी हो सकते हैं। व्यापक और सटीक यौन शिक्षा प्रदान करना आवश्यक है, जिसमें शरीर रचना, प्रजनन, गर्भनिरोधक, सहमति और यौन संक्रमित बीमारियों (एसटीआई) जैसे विषय शामिल हों। यह शिक्षा आयु-उपयुक्त और सांस्कृतिक रूप से संवेदनशील होनी चाहिए, ताकि किशोर अपनी यौन स्वास्थ्य के बारे में सूचित निर्णय ले सकें।

यौनिकता पर खुला और ईमानदार संवाद अनिवार्य है। माता-पिता और देखभालकर्ता जानकारी और मार्गदर्शन प्रदान करने में महत्वपूर्ण भूमिका निभाते

हैं। एक सुरक्षित और गैर-आलोचनात्मक वातावरण बनाना, जहां किशोर अपनी जिज्ञासाओं और चिंताओं पर चर्चा करने में सहज महसूस करें, उन्हें उनके जीवन के इस जटिल पहलू को समझने में मदद कर सकता है। सक्रिय रूप से सुनना, उनकी भावनाओं को मान्यता देना, और बिना डांट-फटकार या डराने के सटीक जानकारी प्रदान करना महत्वपूर्ण है। किशोरों को सवाल पूछने और भरोसेमंद स्रोतों से जानकारी प्राप्त करने के लिए प्रोत्साहित करना उन्हें अपने यौन स्वास्थ्य के बारे में सूचित विकल्प बनाने में सशक्त कर सकता है।

यौन झुकाव को समझना और स्वीकार करना किशोरों के विकास का एक महत्वपूर्ण हिस्सा है। यौन झुकाव उस भावनात्मक, रोमांटिक, और यौन आकर्षण को संदर्भित करता है जो एक व्यक्ति दूसरों के प्रति महसूस करता है। इसमें विषमलैंगिकता, समलैंगिकता, उभयलैंगिकता, और अन्य झुकाव शामिल हो सकते हैं। किशोरों को बिना किसी निर्णय या दबाव के उनके यौन झुकाव को समझने और तलाशने में समर्थन देना महत्वपूर्ण है। घर और समुदाय दोनों में समावेशी और स्वीकार्य वातावरण बनाना किशोरों को सुरक्षित और मूल्यवान महसूस कराता है।

लैंगिक पहचान यौनिकता का एक और महत्वपूर्ण पहलू है। लैंगिक पहचान यह दर्शाती है कि कोई व्यक्ति अपने आप को पुरुष, महिला, दोनों का मिश्रण, या इनमें से किसी का नहीं महसूस करता है, और यह जन्म के समय दिए गए लिंग से मेल खा भी सकती है और नहीं भी। किशोरावस्था के दौरान कई लोग अपनी लैंगिक पहचान को तलाशने और व्यक्त करने लगते हैं। किशोरों के चुने गए नामों और सर्वनामों का सम्मान करना और उन्हें अपनी पहचान व्यक्त करने के लिए एक सुरक्षित स्थान प्रदान करना आवश्यक है।

रोमांटिक संबंध किशोरों के विकास का एक महत्वपूर्ण हिस्सा हैं। ये संबंध भावनात्मक जुड़ाव, साथ देने और अंतरंगता की खोज के अवसर प्रदान करते हैं। हालांकि, ये तनाव और संघर्ष के स्रोत भी हो सकते हैं। किशोरों को यह समझने में मदद करना महत्वपूर्ण है कि एक स्वस्थ संबंध क्या होता है। स्वस्थ संबंध परस्पर सम्मान, विश्वास, संवाद, और समानता पर आधारित होते हैं। उन्हें अपने मूल्यों और सीमाओं पर विचार करने और अपने साथियों के साथ खुलकर संवाद करने के लिए प्रोत्साहित करना उन्हें स्वस्थ और संतोषजनक संबंध बनाने में मदद कर

सकता है।

सहमति का विचार समझाना अनिवार्य है, यह स्पष्ट, उत्साही, और निरंतर होनी चाहिए। किशोरों को अपनी और दूसरों की सीमाओं का सम्मान करना और अस्वास्थ्यकर या अपमानजनक संबंधों के संकेतों को पहचानना सिखाना उनकी सुरक्षा और भलाई के लिए महत्वपूर्ण है।

यौन शिक्षा में गर्भनिरोध और सुरक्षित यौन व्यवहार के विषय महत्वपूर्ण हैं। विभिन्न गर्भनिरोधक तरीकों के बारे में सटीक जानकारी प्रदान करना, जिसमें उनकी प्रभावशीलता और संभावित दुष्प्रभाव शामिल हैं, किशोरों को अपने यौन स्वास्थ्य के बारे में सूचित निर्णय लेने में मदद करता है।

संस्कृति और समाज के मानदंड यौनिकता और संबंधों के प्रति किशोरों के दृष्टिकोण को आकार देने में महत्वपूर्ण भूमिका निभाते हैं। इन्हें स्वीकार करते हुए किशोरों को अपने मूल्यों और विश्वासों को विकसित करने के लिए प्रोत्साहित करना महत्वपूर्ण है।

अंत में, किशोरों को यौनिकता और संबंधों को समझने और उनका प्रबंधन करने में समर्थन देना उनके वर्तमान कल्याण को बढ़ाता है और उन्हें जीवनभर के लिए स्वस्थ और सम्मानजनक संबंधों के लिए तैयार करता है।

"एक सुरक्षित और सहायक घर का वातावरण विकास के लिए अत्यंत आवश्यक है। उपस्थित रहें, सक्रिय रूप से सुनें, और बिना शर्त प्रेम दिखाएं। यह समर्थन आत्मविश्वास और सहनशीलता को पोषित करता है।"

15

साथियों के दबाव का सामना करना

साथियों के दबाव का सामना करना किशोरावस्था का एक अपरिहार्य हिस्सा है, क्योंकि किशोर सामाजिक जटिलताओं को समझने और अपनी पहचान स्थापित करने की कोशिश करते हैं।

साथियों का दबाव व्यवहार, निर्णय, और दृष्टिकोण को सकारात्मक और नकारात्मक दोनों रूपों में प्रभावित कर सकता है।

साथियों के दबाव की कार्यप्रणाली को समझना, इसके प्रभावों को पहचानना, और इससे निपटने की रणनीतियाँ विकसित करना किशोरों को सूचित और स्वतंत्र निर्णय लेने में मदद करने के लिए महत्वपूर्ण है।

समर्थन, शिक्षा और मार्गदर्शन प्रदान करना किशोरों को नकारात्मक प्रभावों से बचने और दबाव का सामना करने की क्षमता विकसित करने में सशक्त बनाता है।

साथियों का दबाव समूह में शामिल होने और स्वीकार किए जाने की इच्छा से उत्पन्न होता है।

किशोरावस्था के दौरान, साथियों के संबंधों का महत्व बढ़ जाता है, क्योंकि किशोर अपनी पहचान स्थापित करने और अपने परिवारों से स्वतंत्रता प्राप्त करने की

कोशिश करते हैं।

साथियों की स्वीकृति के प्रति यह संवेदनशीलता अक्सर समूह के मानदंडों के अनुरूप व्यवहार और दृष्टिकोण अपनाने की ओर ले जाती है। साथियों का दबाव कई रूपों में प्रकट हो सकता है, जिसमें प्रत्यक्ष दबाव शामिल है, जहाँ साथी किसी विशेष व्यवहार में संलग्न होने के लिए सीधे प्रोत्साहित करते हैं या बाध्य करते हैं, और अप्रत्यक्ष दबाव, जहाँ व्यक्ति बिना स्पष्ट उकसावे के समूह के मानदंडों के अनुरूप महसूस करता है।

सकारात्मक साथियों का दबाव किशोरों को लाभकारी व्यवहार अपनाने के लिए प्रेरित कर सकता है, जैसे कि कड़ी मेहनत करना, सह-पाठ्यक्रम गतिविधियों में भाग लेना, या सामुदायिक सेवा में संलग्न होना।
हालांकि, नकारात्मक साथियों का दबाव जोखिमपूर्ण व्यवहारों, जैसे मादक पदार्थों का सेवन, अनुशासनहीनता, और असुरक्षित यौन क्रियाओं की ओर ले जा सकता है। किशोरों को सकारात्मक और नकारात्मक दबाव के बीच अंतर पहचानने और अपने विकल्पों के संभावित परिणामों को समझने में मदद करना महत्वपूर्ण है।

साथियों के दबाव का सामना करने के लिए आत्मसम्मान और आत्मविश्वास का निर्माण करना एक प्रमुख रणनीति है। मजबूत आत्ममूल्य और क्षमताओं पर विश्वास रखने वाले किशोर नकारात्मक प्रभावों का विरोध करने और अपने मूल्यों और विश्वासों के आधार पर निर्णय लेने की संभावना रखते हैं। किशोरों को उनके रुचियों का पालन करने, व्यक्तिगत लक्ष्य निर्धारित करने, और उनकी उपलब्धियों का जश्न मनाने के लिए प्रोत्साहित करना उनके आत्मसम्मान को बढ़ाने में मदद करता है। समर्थन और सकारात्मक प्रोत्साहन प्रदान करना, साथ ही उन्हें अपनी सीमाओं को चुनौती देने और नई जिम्मेदारियाँ लेने के लिए प्रेरित करना, योग्यता और आत्मविश्वास की भावना विकसित करता है।

आश्वासन कौशल सिखाना किशोरों को साथियों के दबाव का विरोध करने में मदद करने के लिए महत्वपूर्ण है। आश्वासन में किसी के विचारों, भावनाओं, और आवश्यकताओं को स्पष्ट और आत्मविश्वास के साथ व्यक्त करना शामिल है, बिना आक्रामक या निष्क्रिय हुए। किशोरों को आश्वस्त संचार का अभ्यास करने के लिए प्रोत्साहित करना, जैसे कि "मैं" कथनों का उपयोग करना और स्पष्ट

सीमाएँ निर्धारित करना, उन्हें अपने लिए खड़े होने और अपने निर्णय लेने के लिए सशक्त बना सकता है। विभिन्न परिदृश्यों की भूमिका निभाना और साथियों के दबाव को संभालने की रणनीतियों पर चर्चा करना किशोरों को ये कौशल विकसित करने और चुनौतीपूर्ण स्थितियों का सामना करने के लिए अधिक तैयार महसूस करने में मदद कर सकता है।

माता-पिता और देखभालकर्ताओं के साथ खुला संचार किशोरों को साथियों के दबाव का सामना करने में समर्थन करने के लिए आवश्यक है। ऐसा वातावरण बनाना जो सुरक्षित और बिना किसी निर्णय के हो, जहाँ किशोर अपने अनुभवों और चिंताओं पर चर्चा करने में सहज महसूस करें, उन्हें समझने और समर्थित महसूस करने में मदद कर सकता है। सक्रिय सुनवाई, सहानुभूति, और उनकी भावनाओं को मान्यता देना प्रभावी संचार के मुख्य घटक हैं। मार्गदर्शन और सलाह प्रदान करना, साथ ही उनकी स्वायत्तता का सम्मान करना, किशोरों को आत्मविश्वास के साथ साथियों के दबाव का सामना करने में मदद करता है। नकारात्मक दबाव में झुकने के संभावित जोखिमों और परिणामों पर चर्चा करना और आलोचनात्मक सोच और निर्णय लेने को प्रोत्साहित करना महत्वपूर्ण है।

किशोरों को सकारात्मक मूल्यों और सिद्धांतों की मजबूत समझ विकसित करने में मदद करना स्वायत्त विकल्प बनाने के लिए एक ठोस आधार प्रदान कर सकता है। उन्हें उनके विश्वासों, लक्ष्यों, और उनके लिए महत्वपूर्ण बातों पर चिंतन करने के लिए प्रोत्साहित करना, उन्हें एक स्पष्ट पहचान और उद्देश्य विकसित करने में मदद कर सकता है। नैतिक और नैतिक दुविधाओं पर चर्चा करना और विभिन्न दृष्टिकोणों का पता लगाना उनकी आलोचनात्मक सोच और सूचित निर्णय लेने की क्षमता को बढ़ा सकता है। जब किशोरों के पास अपने मूल्यों और सिद्धांतों की एक मजबूत समझ होती है, तो वे साथियों के दबाव का विरोध करने और अपने विश्वासों के अनुरूप विकल्प बनाने की अधिक संभावना रखते हैं।

सकारात्मक साथियों के साथ बातचीत और मित्रता के लिए अवसर प्रदान करना साथियों के दबाव का सामना करने के लिए एक और महत्वपूर्ण रणनीति है। किशोरों को ऐसे साथियों के साथ संबंध बनाने के लिए प्रोत्साहित करना जो उनके मूल्यों और रुचियों को साझा करते हैं, एक सहायक नेटवर्क प्रदान कर सकता है जो सकारात्मक व्यवहार को बढ़ावा देता है। समूह गतिविधियों, क्लबों, खेलकूद, या

स्वयंसेवा कार्यों में भाग लेना किशोरों को स्वस्थ और सहायक मित्रता विकसित करने में मदद कर सकता है। ये सकारात्मक संबंध नकारात्मक साथियों के दबाव के खिलाफ एक सुरक्षा कवच के रूप में कार्य कर सकते हैं और स्वीकार्यता और संबंधितता की भावना प्रदान कर सकते हैं।

किशोरों को उन रणनीतियों के बारे में शिक्षित करना जिनका उपयोग साथियों के दबाव में किया जा सकता है और कुछ व्यवहारों से जुड़े संभावित जोखिमों के बारे में बताना उनकी नकारात्मक प्रभावों का विरोध करने की क्षमता के लिए महत्वपूर्ण है। मादक पदार्थों के सेवन, जोखिम भरे यौन व्यवहार, और अन्य हानिकारक गतिविधियों के परिणामों के बारे में सटीक जानकारी प्रदान करना किशोरों को सूचित निर्णय लेने में मदद करता है। यह बताना कि उनके पास "ना" कहने और अपने कल्याण के लिए सर्वोत्तम निर्णय लेने का अधिकार है, महत्वपूर्ण है। वास्तविक जीवन के उदाहरणों पर चर्चा करना और उन व्यक्तियों की कहानियाँ साझा करना, जिन्होंने सफलतापूर्वक साथियों के दबाव का विरोध किया, प्रेरणा और व्यावहारिक अंतर्दृष्टि प्रदान कर सकते हैं।

किशोरों को समस्या-समाधान और तनाव प्रबंधन कौशल विकसित करने के लिए प्रोत्साहित करना साथियों के दबाव से जुड़े तनाव और चुनौतियों को प्रबंधित करने में मदद कर सकता है। उन्हें तनाव प्रबंधन के लिए रणनीतियाँ सिखाना, जैसे कि माइंडफुलनेस, विश्राम तकनीकें, और शारीरिक गतिविधियाँ, उनके भावनात्मक लचीलेपन को बढ़ा सकती हैं। संघर्षों और कठिन परिस्थितियों को संभालने के लिए मार्गदर्शन प्रदान करना, जैसे कि भरोसेमंद वयस्कों या साथियों से समर्थन प्राप्त करना, किशोरों को साथियों के दबाव का सामना करने के लिए अधिक सक्षम महसूस करने में मदद कर सकता है। एक विकासशील मानसिकता को बढ़ावा देना, जहाँ किशोर चुनौतियों को सीखने और विकास के अवसरों के रूप में देखते हैं, न कि खतरों के रूप में, महत्वपूर्ण है।

सकारात्मक व्यवहार और दृष्टिकोण को प्रदर्शित करना किशोरों को सिखाने के सबसे प्रभावी तरीकों में से एक है कि साथियों के दबाव का सामना कैसे किया जाए। किशोर अक्सर अपने जीवन के वयस्कों की कार्यों और निर्णयों को देखकर सीखते हैं। ईमानदारी, लचीलापन, और स्वायत्त निर्णय लेने की क्षमता का प्रदर्शन करना उनके लिए एक शक्तिशाली उदाहरण स्थापित करता है। अपने स्वयं के साथियों

के दबाव के अनुभवों और चुनौतीपूर्ण परिस्थितियों को कैसे संभाला, इस पर चर्चा करना मूल्यवान पाठ और अंतर्दृष्टि प्रदान कर सकता है। सकारात्मक व्यवहार का अनुकरण करके, आप किशोरों को दिखाते हैं कि नकारात्मक प्रभावों का विरोध करना और अपने प्रति सच्चे रहना संभव है।

समुदाय का एक सहायक नेटवर्क बनाना, जो सकारात्मक मूल्यों और व्यवहारों को सुदृढ़ करता है, किशोरों को साथियों के दबाव का सामना करने में मदद कर सकता है। स्कूल, सामुदायिक संगठन, और सहकर्मी समूह स्वस्थ व्यवहार को बढ़ावा देने और समर्थन प्रदान करने में महत्वपूर्ण भूमिका निभा सकते हैं। नेतृत्व विकास, चरित्र शिक्षा, और सामाजिक-भावनात्मक शिक्षा पर ध्यान केंद्रित करने वाले कार्यक्रम किशोरों की सकारात्मक विकल्प बनाने और नकारात्मक दबावों का विरोध करने की क्षमता को बढ़ा सकते हैं। किशोरों को नेतृत्व की भूमिकाएँ लेने और अपने समुदाय में सार्थक योगदान देने के अवसर प्रदान करना उन्हें अपने साथियों के लिए आदर्श बनने के लिए प्रेरित कर सकता है।

मीडिया साक्षरता को प्रोत्साहित करना किशोरों को साथियों के दबाव से निपटने में मदद करने के लिए एक और महत्वपूर्ण रणनीति है। मीडिया और प्रौद्योगिकी किशोरों के सामाजिक मानदंडों और व्यवहारों की धारणाओं को आकार देने में महत्वपूर्ण भूमिका निभाते हैं। किशोरों को सोशल मीडिया, टेलीविज़न, फ़िल्मों, और अन्य स्रोतों से प्राप्त संदेशों का आलोचनात्मक मूल्यांकन करना सिखाना उन्हें अवास्तविक और हानिकारक व्यवहारों की पहचान करने में मदद कर सकता है। विज्ञापन, सेलिब्रिटी संस्कृति, और मीडिया में सहकर्मी गतिशीलता के प्रभाव पर चर्चा करना उनकी सूचित और स्वतंत्र विकल्प बनाने की क्षमता को बढ़ा सकता है।

संसाधनों और समर्थन सेवाओं तक पहुँच प्रदान करना उन किशोरों के लिए महत्वपूर्ण है, जो साथियों के दबाव का सामना करने में संघर्ष कर रहे हैं। परामर्श सेवाएँ, सहायता समूह, और शैक्षिक कार्यक्रम मूल्यवान मार्गदर्शन और सहायता प्रदान कर सकते हैं।

किशोरों को आवश्यकता पड़ने पर मदद लेने के लिए प्रोत्साहित करना और साथियों के दबाव और मानसिक स्वास्थ्य के बारे में बातचीत को सामान्य बनाना कलंक को कम कर सकता है और कल्याण को बढ़ावा दे सकता है। स्कूल और

सामुदायिक संगठन किशोरों और उनके परिवारों के लिए संसाधन और समर्थन प्रदान करने में महत्वपूर्ण भूमिका निभा सकते हैं।

अंत में, साथियों के दबाव का सामना करना किशोरों के लिए एक जटिल और बहुआयामी चुनौती है। समर्थन, शिक्षा, और मार्गदर्शन प्रदान करके, हम उन्हें नकारात्मक प्रभावों का विरोध करने और सूचित और स्वतंत्र विकल्प बनाने के लिए सशक्त कर सकते हैं।

आत्मसम्मान और आत्मविश्वास का निर्माण, आश्वासन कौशल सिखाना, खुले संचार को बढ़ावा देना, मूल्यों और सिद्धांतों की मजबूत समझ विकसित करना, सकारात्मक साथियों के साथ बातचीत को प्रोत्साहित करना, जोखिमों के बारे में शिक्षित करना, समस्या-समाधान और तनाव प्रबंधन कौशल को बढ़ावा देना, सकारात्मक व्यवहार का अनुकरण करना, एक सहायक समुदाय बनाना, मीडिया साक्षरता को प्रोत्साहित करना, और संसाधनों और समर्थन सेवाओं तक पहुँच प्रदान करना इन रणनीतियों के माध्यम से हम किशोरों को साथियों के दबाव के जटिलताओं को समझने में मदद कर सकते हैं और उन्हें नकारात्मक प्रभावों के खिलाफ लचीलापन बनाने में मदद कर सकते हैं।किशोरों का समर्थन करना न केवल उनके वर्तमान कल्याण को बढ़ाता है, बल्कि उन्हें आजीवन स्वस्थ और स्वायत्त निर्णय लेने के लिए भी तैयार करता है।

"स्वयं की अभिव्यक्ति को प्रोत्साहित करना किशोरों को अपनी पहचान का पता लगाने में मदद करता है।
उन्हें उनके अद्वितीय कौशलों को खोजने और विकसित करने के अवसर प्रदान करें।
उनकी व्यक्तिगतता और रचनात्मकता का जश्न मनाएँ।"

16

भविष्य के लिए तैयारी

किशोरों को भविष्य के लिए तैयार करना उनके विकास का एक महत्वपूर्ण पहलू है, जिसमें एक व्यापक दृष्टिकोण शामिल है जो शैक्षणिक तैयारी, करियर योजना, जीवन कौशल और भावनात्मक लचीलापन को समाहित करता है। यह तैयारी उन्हें वयस्कता की जटिलताओं को सफलतापूर्वक नेविगेट करने के लिए आवश्यक ज्ञान, कौशल और दृष्टिकोण से सुसज्जित करने के लिए आवश्यक है।इस प्रक्रिया में विकासशील मानसिकता को बढ़ावा देना, आत्म-जागरूकता को प्रोत्साहित करना और व्यावहारिक अनुभव प्रदान करना शामिल है, जो किशोरों को उनके भविष्य के बारे में सूचित निर्णय लेने में मदद करता है।

शैक्षणिक तैयारी किशोरों को भविष्य के लिए तैयार करने का एक आधारभूत घटक है। सुनिश्चित करना कि उनके पास एक मजबूत शैक्षिक पृष्ठभूमि है, उनके उच्च शिक्षा और करियर में सफलता के लिए महत्वपूर्ण है। इसमें केवल मुख्य विषयों में महारत हासिल करना ही नहीं बल्कि आलोचनात्मक सोच, समस्या-समाधान, और विश्लेषणात्मक कौशल विकसित करना भी शामिल है। सीखने के प्रति प्रेम और बौद्धिक जिज्ञासा को प्रोत्साहित करना किशोरों को उनके अध्ययन में गहराई से जुड़ने और शिक्षा को जीवनभर की प्रक्रिया के रूप में देखने में मदद कर सकता है। पुस्तकों, ऑनलाइन पाठ्यक्रमों और ट्यूशन जैसे विविध शैक्षणिक संसाधनों तक पहुंच प्रदान करना उनके सीखने के अनुभव को बढ़ा सकता है और उन्हें विभिन्न रुचियों के क्षेत्रों का पता लगाने में मदद कर सकता है।

करियर योजना भविष्य की तैयारी का एक और आवश्यक पहलू है। किशोरों को

उनके लिए उपलब्ध करियर विकल्पों और उन करियर तक पहुंचने के रास्तों को समझने में मदद करना उन्हें सूचित विकल्प बनाने के लिए सशक्त कर सकता है। यह प्रक्रिया आत्म-मूल्यांकन से शुरू होती है, जहाँ किशोर अपने रुचियों, ताकतों, मूल्यों और लक्ष्यों पर विचार करते हैं। पर्सनालिटी टेस्ट, करियर असेसमेंट, और पेशेवरों के साथ सूचनात्मक साक्षात्कार जैसे उपकरण संभावित करियर पथों पर मूल्यवान अंतर्दृष्टि प्रदान कर सकते हैं। इंटर्नशिप, नौकरी के अनुभव, और स्वयंसेवा कार्यों के माध्यम से विभिन्न करियर का पता लगाने के लिए किशोरों को प्रोत्साहित करना व्यावहारिक अनुभव प्रदान कर सकता है और उन्हें अधिक सूचित निर्णय लेने में मदद कर सकता है।

जीवन कौशल विकसित करना किशोरों को वयस्कता को सफलतापूर्वक नेविगेट करने के लिए महत्वपूर्ण है। इन कौशलों में वित्तीय साक्षरता, समय प्रबंधन, संचार, और निर्णय लेना शामिल है। वित्तीय साक्षरता में पैसे का प्रबंधन करना, बजट बनाना, भविष्य के लिए बचत करना, और सूचित वित्तीय निर्णय लेना शामिल है। किशोरों को बचत, निवेश, और ऋण से बचने के महत्व के बारे में शिक्षित करना उन्हें एक मजबूत वित्तीय आधार बनाने में मदद कर सकता है। समय प्रबंधन कौशल, जैसे प्राथमिकताएँ तय करना, समय-सारिणी बनाना, और जिम्मेदारियों को संतुलित करना, अकादमिक और पेशेवर सफलता के लिए आवश्यक हैं। प्रभावी संचार कौशल, जिसमें सुनना, बोलना और लिखना शामिल है, संबंध बनाने और लक्ष्यों को प्राप्त करने के लिए महत्वपूर्ण हैं। विकल्पों का मूल्यांकन, परिणामों पर विचार करना, और सूचित विकल्प बनाना जैसी निर्णय लेने की क्षमता व्यक्तिगत और पेशेवर विकास के लिए महत्वपूर्ण हैं।

भावनात्मक लचीलापन किशोरों को भविष्य के लिए तैयार करने में एक प्रमुख कारक है। जीवन चुनौतियों और असफलताओं से भरा है, और विपरीत परिस्थितियों से निपटने की क्षमता दीर्घकालिक सफलता और कल्याण के लिए महत्वपूर्ण है। भावनात्मक लचीलापन बनाने में सकारात्मक मानसिकता को बढ़ावा देना, आत्म-जागरूकता को प्रोत्साहित करना और मुकाबला करने की रणनीतियाँ सिखाना शामिल है। किशोरों को चुनौतियों को विकास के अवसरों के रूप में देखने और अपनी गलतियों से सीखने के लिए प्रोत्साहित करना उन्हें एक लचीला दृष्टिकोण विकसित करने में मदद कर सकता है। शैक्षणिक दबाव या व्यक्तिगत संघर्ष जैसे कठिन समय में समर्थन और मार्गदर्शन प्रदान करना उन्हें

मुकाबला करने के कौशल और भावनात्मक ताकत बनाने में मदद कर सकता है। माइंडफुलनेस, ध्यान, और तनाव प्रबंधन जैसी तकनीकें भावनात्मक लचीलापन को भी बढ़ा सकती हैं।

सामाजिक और पारस्परिक कौशल भी भविष्य की सफलता के लिए आवश्यक हैं। मजबूत संबंध बनाना, सहयोगी रूप से काम करना, और विभिन्न दृष्टिकोणों को समझना व्यक्तिगत और पेशेवर दोनों संदर्भों में महत्वपूर्ण हैं। किशोरों को समूह गतिविधियों, जैसे टीम खेल, क्लब, या सामुदायिक सेवा में शामिल होने के लिए प्रोत्साहित करना, उन्हें ये कौशल विकसित करने में मदद कर सकता है। सहानुभूति, सम्मान, और संघर्ष समाधान सिखाना उनके सामाजिक संपर्कों को नेविगेट करने और सकारात्मक संबंध बनाने की उनकी क्षमता को बढ़ा सकता है। उनके लिए समर्थनपूर्ण साथियों, मार्गदर्शकों, और पेशेवरों का एक नेटवर्क विकसित करना उन्हें व्यक्तिगत और करियर विकास के लिए मूल्यवान संसाधन और अवसर प्रदान कर सकता है।

स्वास्थ्य और कल्याण भविष्य के लिए तैयारी के मौलिक घटक हैं। किशोरों को स्वस्थ जीवनशैली की आदतों को अपनाने के लिए प्रोत्साहित करना, जैसे नियमित व्यायाम, संतुलित पोषण, और पर्याप्त नींद, उनके शारीरिक और मानसिक स्वास्थ्य का समर्थन कर सकता है। आत्म-देखभाल और तनाव प्रबंधन के महत्व के बारे में उन्हें शिक्षित करना वयस्क जीवन की मांगों के बीच उनके कल्याण को बनाए रखने में मदद कर सकता है। स्वास्थ्य शिक्षा, परामर्श, और कल्याण कार्यक्रमों जैसे संसाधनों तक पहुंच प्रदान करना उनके समग्र विकास और लचीलापन का समर्थन कर सकता है।

तकनीक और डिजिटल साक्षरता आज की दुनिया में तेजी से महत्वपूर्ण होती जा रही है। सुनिश्चित करना कि किशोर तकनीक का उपयोग करने में कुशल हैं और इसके प्रभावों को समझते हैं, उनके भविष्य की सफलता के लिए आवश्यक है। इसमें केवल तकनीकी कौशल, जैसे सॉफ़्टवेयर का उपयोग करना और डिजिटल प्लेटफ़ॉर्म को नेविगेट करना, ही नहीं, बल्कि तकनीक के उपयोग के नैतिक और सामाजिक प्रभावों को समझना भी शामिल है। किशोरों को तकनीक का जिम्मेदारी से उपयोग करने, अपनी गोपनीयता की रक्षा करने, और अपने डिजिटल फुटप्रिंट के प्रभाव को समझने के लिए प्रोत्साहित करना उन्हें डिजिटल दुनिया में सुरक्षित

और प्रभावी ढंग से नेविगेट करने में मदद कर सकता है। उभरती हुई तकनीकों, जैसे आर्टिफिशियल इंटेलिजेंस, कोडिंग, और डिजिटल मार्केटिंग के बारे में जानने के अवसर प्रदान करना उनके करियर की संभावनाओं को बढ़ा सकता है और उन्हें बदलते नौकरी बाजार के लिए तैयार कर सकता है।

किशोरों को लक्ष्य निर्धारित करने और कार्य योजनाएँ बनाने के लिए प्रोत्साहित करना भविष्य की तैयारी का एक और महत्वपूर्ण पहलू है। लक्ष्य निर्धारण उन्हें अपनी आकांक्षाओं को स्पष्ट करने और उद्देश्य और दिशा की भावना विकसित करने में मदद करता है। उन्हें विशिष्ट, मापने योग्य, प्राप्त करने योग्य, प्रासंगिक और समयबद्ध (SMART) लक्ष्य निर्धारित करने के लिए प्रोत्साहित करना उनकी प्रेरणा और ध्यान को बढ़ा सकता है। उन्हें कार्य योजनाएँ बनाना, लक्ष्यों को प्रबंधनीय चरणों में तोड़ना, और अपनी प्रगति को ट्रैक करना सिखाना उन्हें संगठित रहने और अपने लक्ष्यों पर बने रहने में मदद कर सकता है। उनकी उपलब्धियों और मील के पत्थरों का जश्न मनाना, चाहे वे कितने भी छोटे हों, उनके आत्मविश्वास को बढ़ा सकता है और उनके लक्ष्यों के प्रति उनकी प्रतिबद्धता को सुदृढ़ कर सकता है।

सांस्कृतिक क्षमता और वैश्विक जागरूकता हमारे परस्पर जुड़े हुए विश्व में तेजी से महत्वपूर्ण हो रही है। किशोरों को विभिन्न संस्कृतियों, दृष्टिकोणों, और वैश्विक मुद्दों के बारे में जानने के लिए प्रोत्साहित करना उन्हें विविध वातावरणों को नेविगेट करने और समावेशी संबंध बनाने की उनकी क्षमता को बढ़ा सकता है। सांस्कृतिक आदान-प्रदान, यात्रा, और वैश्विक मुद्दों में भागीदारी के अवसर प्रदान करना उनके दृष्टिकोण का विस्तार कर सकता है और दुनिया के प्रति उनकी समझ को गहरा कर सकता है। उन्हें विविधता की सराहना करने, रूढ़ियों को चुनौती देने, और सामाजिक न्याय की वकालत करने के लिए सिखाना उन्हें जिम्मेदार और सहानुभूतिपूर्ण वैश्विक नागरिक बनने में मदद कर सकता है।

एक विकासशील मानसिकता को प्रोत्साहित करना किशोरों को भविष्य के लिए तैयार करने का एक बुनियादी हिस्सा है। विकासशील मानसिकता, यह विश्वास कि प्रयास और सीखने के माध्यम से क्षमताओं और बुद्धिमत्ता को विकसित किया जा सकता है, लचीलापन, प्रेरणा, और सीखने के प्रति प्रेम को बढ़ावा देती है। किशोरों को चुनौतियों को अपनाने, असफलताओं का सामना करने में दृढ़ रहने,

और प्रयास को महारत के मार्ग के रूप में देखने के लिए प्रोत्साहित करना उन्हें अपने लक्ष्यों के प्रति सकारात्मक और सक्रिय दृष्टिकोण विकसित करने में मदद कर सकता है। संरचनात्मक प्रतिक्रिया प्रदान करना, प्रयास और प्रगति का जश्न मनाना, और सीखने और सुधार की संस्कृति को बढ़ावा देना एक विकासशील मानसिकता को सुदृढ़ कर सकता है।

मार्गदर्शन और परामर्श प्रदान करना किशोरों को उनके भविष्य के रास्तों को नेविगेट करने में मदद करने के लिए महत्वपूर्ण है। मार्गदर्शक, चाहे वे माता-पिता, शिक्षक, या पेशेवर हों, मूल्यवान अंतर्दृष्टि, समर्थन, और प्रोत्साहन प्रदान कर सकते हैं। किशोरों को ऐसे मार्गदर्शक और आदर्श व्यक्ति खोजने के लिए प्रोत्साहित करना जो उन्हें प्रेरित करते हों, मार्गदर्शन और प्रेरणा प्रदान कर सकता है। परामर्श कार्यक्रम, करियर परामर्श, और नेटवर्किंग के अवसर भी उनके विकास का समर्थन कर सकते हैं और उन्हें संसाधनों और अवसरों से जोड़ सकते हैं।

समुदाय में भागीदारी और नागरिक जुड़ाव किशोरों को भविष्य के लिए तैयार करने के महत्वपूर्ण पहलू हैं। उन्हें सामुदायिक सेवा, स्वयंसेवा कार्य, और नागरिक गतिविधियों में भाग लेने के लिए प्रोत्साहित करना उन्हें जिम्मेदारी, सहानुभूति, और सामाजिक जागरूकता विकसित करने में मदद कर सकता है। ये अनुभव उनके नेतृत्व कौशल को भी बढ़ा सकते हैं, उनका नेटवर्क बना सकते हैं, और उन्हें सामाजिक मुद्दों और सामुदायिक आवश्यकताओं की मूल्यवान अंतर्दृष्टि प्रदान कर सकते हैं। उन्हें उनके अधिकारों और जिम्मेदारियों के बारे में सिखाना और उन्हें नागरिक गतिविधियों, जैसे मतदान और वकालत में भाग लेने के लिए प्रोत्साहित करना नागरिक कर्तव्य और सशक्तिकरण की भावना को बढ़ावा दे सकता है।

किशोरों के लिए रचनात्मकता और नवाचार को बढ़ावा देना भी महत्वपूर्ण है। उन्हें नयी सोच अपनाने, नये विचारों का अन्वेषण करने, और रचनात्मक जोखिम लेने के लिए प्रोत्साहित करना उनकी समस्या-समाधान क्षमता और अनुकूलनशीलता को बढ़ा सकता है। रचनात्मक अभिव्यक्ति के अवसर प्रदान करना, जैसे कला, संगीत, लेखन, या उद्यमशीलता, उन्हें उनकी प्रतिभाओं और रुचियों को विकसित करने में मदद कर सकता है। जिज्ञासा, प्रयोग, और नवाचार की संस्कृति को प्रोत्साहित करना उन्हें उनकी रुचियों का पीछा करने और उनके क्षेत्रों में सार्थक

योगदान देने के लिए प्रेरित कर सकता है।

अंततः, किशोरों में स्वायत्तता और आत्मनिर्भरता की भावना को बढ़ावा देना महत्वपूर्ण है। उन्हें उनके निर्णयों, कार्यों, और भविष्य के रास्तों की जिम्मेदारी लेने के लिए प्रोत्साहित करना उन्हें आत्मनिर्भर और जिम्मेदार वयस्क बनने के लिए सशक्त करता है। उन्हें विकल्प बनाने, जिम्मेदारियाँ लेने, और उनके अनुभवों से सीखने के अवसर प्रदान करना स्वतंत्रता और योग्यता की भावना को बढ़ावा देता है। उन्हें स्वयं के लिए वकालत करने, अवसरों की तलाश करने, और पहल करने के लिए प्रोत्साहित करना उन्हें अपने भविष्य के प्रति एक सक्रिय और सशक्त दृष्टिकोण विकसित करने में मदद करता है।

अंत में, किशोरों को भविष्य के लिए तैयार करना एक बहुआयामी और सतत प्रक्रिया है जिसमें शैक्षणिक तैयारी, करियर योजना, जीवन कौशल, भावनात्मक लचीलापन, सामाजिक और पारस्परिक कौशल, स्वास्थ्य और कल्याण, तकनीक और डिजिटल साक्षरता, लक्ष्य निर्धारण, सांस्कृतिक क्षमता, विकासशील मानसिकता, मार्गदर्शन, सामुदायिक भागीदारी, रचनात्मकता, और स्वायत्तता को बढ़ावा देना शामिल है। इन क्षेत्रों में समर्थन, मार्गदर्शन, और अवसर प्रदान करके, हम किशोरों को उनके भविष्य की सफलता और कल्याण के लिए एक मजबूत आधार बनाने में मदद कर सकते हैं। उन्हें सूचित निर्णय लेने, अपनी रुचियों का पीछा करने, और आत्मविश्वास और लचीलापन के साथ वयस्कता की जटिलताओं को नेविगेट करने के लिए सशक्त करना उन्हें एक संतोषजनक और सार्थक जीवन के लिए तैयार करता है। किशोरों को इस यात्रा में समर्थन देना न केवल उनके व्यक्तिगत विकास को बढ़ावा देता है, बल्कि हमारी समाज की समग्र प्रगति और कल्याण में भी योगदान करता है।

"सांस्कृतिक और नैतिक मूल्य किशोरों की विश्व दृष्टि को आकार देते हैं।
उन्हें सम्मान, सहानुभूति, और जिम्मेदारी के महत्व को सिखाएं।
ये मूल्य उनके कार्यों और निर्णयों का मार्गदर्शन करते हैं।"

17

असफलता और कठिनाइयों का सामना करना

असफलता और कठिनाइयों का सामना करना व्यक्तिगत विकास और लचीलापन का एक मूलभूत पहलू है, विशेष रूप से किशोरावस्था के दौरान। किशोर अपने जीवन की जटिलताओं को समझने की प्रक्रिया में कई चुनौतियों का सामना करते हैं, और निराशाओं और असफलताओं को संभालना सीखना उनके विकास के लिए अत्यंत महत्वपूर्ण है। कठिनाइयों का सामना करने की क्षमता विकसित करने में विकासशील मानसिकता को बढ़ावा देना, भावनात्मक लचीलापन बनाना, और किशोरों को उनके अनुभवों से सीखने और आत्मविश्वास के साथ आगे बढ़ने में मदद के लिए समर्थन और मार्गदर्शन प्रदान करना शामिल है।

असफलता का सामना करने के सबसे महत्वपूर्ण पहलुओं में से एक यह समझना है कि यह जीवन का स्वाभाविक हिस्सा है। हर कोई कभी न कभी कठिनाइयों का सामना करता है, और असफलता किसी की योग्यता या क्षमता का संकेत नहीं है। किशोरों को असफलता के प्रति अपने दृष्टिकोण को बदलने में मदद करना आवश्यक है। असफलता को किसी अंतिम निष्कर्ष या उनकी क्षमताओं के प्रतिबिंब के रूप में देखने के बजाय, उन्हें इसे सीखने और विकास का अवसर मानना चाहिए। यह मानसिकता में बदलाव असफलता के डर को कम कर सकता है और चुनौतियों के प्रति अधिक सकारात्मक और सक्रिय दृष्टिकोण को

प्रोत्साहित कर सकता है।

विकासशील मानसिकता, यह विश्वास कि प्रयास और सीखने के माध्यम से क्षमताओं और बुद्धिमत्ता को विकसित किया जा सकता है, असफलता का सामना करने के लिए महत्वपूर्ण है। किशोरों को इस मानसिकता को अपनाने के लिए प्रोत्साहित करना, प्रयास, दृढ़ता, और गलतियों से सीखने के महत्व पर जोर देना शामिल है। उनकी कड़ी मेहनत और लचीलेपन की प्रशंसा करना, केवल उनकी सफलताओं की नहीं, यह विचार सुदृढ़ कर सकता है कि समर्पण और दृढ़ता के माध्यम से विकास और सुधार संभव है।परिणाम की बजाय प्रक्रिया पर ध्यान केंद्रित करके, किशोर असफलता और कठिनाइयों के प्रति अधिक लचीला दृष्टिकोण विकसित कर सकते हैं।

भावनात्मक लचीलापन बनाना असफलता का सामना करने का एक अन्य प्रमुख घटक है। भावनात्मक लचीलापन तनावपूर्ण परिस्थितियों के अनुकूल होने और प्रतिकूल परिस्थितियों से उबरने की क्षमता है। लचीलापन विकसित करने में किशोरों को अपनी भावनाओं का प्रबंधन करना, तनाव का सामना करना, और कठिन समय में भी सकारात्मक दृष्टिकोण बनाए रखना सिखाना शामिल है। उन्हें माइंडफुलनेस, विश्राम तकनीक, और सकारात्मक आत्म-चर्चा का अभ्यास करने के लिए प्रोत्साहित करना उनके भावनात्मक लचीलेपन को बनाने में मदद कर सकता है। यह महत्वपूर्ण है कि उनके लिए एक सहायक वातावरण प्रदान किया जाए जहाँ वे अपनी भावनाओं को व्यक्त करने और अपने अनुभवों पर चर्चा करने में सुरक्षित महसूस करें, बिना किसी आलोचना या निर्णय के डर के।

असफलता से सीखना सामना करने की प्रक्रिया का एक महत्वपूर्ण हिस्सा है। किशोरों को उनकी कठिनाइयों पर चिंतन करने और यह पहचानने के लिए प्रोत्साहित करना कि क्या गलत हुआ और वे अगली बार क्या अलग कर सकते हैं, उन्हें मूल्यवान अंतर्दृष्टि प्राप्त करने और अपने भविष्य के प्रदर्शन में सुधार करने में मदद कर सकता है। आत्म-चिंतन और विश्लेषण की यह प्रक्रिया नियंत्रण और एजेंसी की भावना को बढ़ावा देती है, क्योंकि वे असफलता को अस्थायी झटके के रूप में देखना सीखते हैं, न कि स्थायी हार के रूप में। संरचनात्मक प्रतिक्रिया और मार्गदर्शन प्रदान करना भी उन्हें सुधार के क्षेत्रों की पहचान करने और चुनौतियों को पार करने की रणनीतियों को विकसित करने में मदद कर सकता है।

माता-पिता, देखभालकर्ताओं, और मार्गदर्शकों से समर्थन और प्रोत्साहन किशोरों को असफलता का सामना करने में मदद करने के लिए आवश्यक है। बिना शर्त समर्थन और स्वीकृति का वातावरण बनाना किशोरों को सुरक्षित और मूल्यवान महसूस कराता है, चाहे उनकी सफलता हो या असफलता। सहानुभूति और समझ की पेशकश करना, आलोचना या निराशा की बजाय, उन्हें अपनी कठिनाइयों पर चर्चा करने और सलाह लेने में अधिक सहज महसूस करा सकता है। खुला संवाद प्रोत्साहित करना और आश्वासन प्रदान करना उनके आत्मविश्वास और लचीलापन को बढ़ावा दे सकता है। धैर्यवान और सहायक होना, उन्हें अपनी यात्रा को नेविगेट करने की अनुमति देना, और साथ ही मार्गदर्शन और प्रोत्साहन प्रदान करना आवश्यक है।

किशोरों को यथार्थवादी और प्राप्त करने योग्य लक्ष्य निर्धारित करने के लिए प्रोत्साहित करना भी असफलता का सामना करने में उनकी मदद कर सकता है। अत्यधिक महत्वाकांक्षी या अवास्तविक लक्ष्य निर्धारित करना निराशा और असंतोष की ओर ले जा सकता है, जबकि प्राप्त करने योग्य लक्ष्य एक उपलब्धि और प्रेरणा की भावना प्रदान कर सकते हैं। किशोरों को बड़े लक्ष्यों को छोटे, प्रबंधनीय चरणों में विभाजित करने में मदद करना प्रक्रिया को कम भारी और अधिक प्राप्त करने योग्य बना सकता है। उनकी प्रगति और उपलब्धियों का जश्न मनाना, चाहे वे कितने भी छोटे हों, उनके आत्मविश्वास को बढ़ा सकता है और उनके लक्ष्यों के प्रति उनकी प्रतिबद्धता को सुदृढ़ कर सकता है।

सहायता नेटवर्क बनाना असफलता का सामना करने के लिए अत्यंत महत्वपूर्ण है। परिवार, दोस्तों, शिक्षकों, और मार्गदर्शकों के साथ सकारात्मक संबंध प्रोत्साहन, मार्गदर्शन और भावनात्मक समर्थन का स्रोत प्रदान करते हैं। किशोरों को सहायक संबंधों की तलाश करने और बनाए रखने के लिए प्रोत्साहित करना उन्हें जुड़ा हुआ और समझा हुआ महसूस करने में मदद कर सकता है। ये संबंध कठिन समय के दौरान मूल्यवान दृष्टिकोण, सलाह, और प्रोत्साहन प्रदान कर सकते हैं। समूह गतिविधियों, क्लबों, या सहायता समूहों में भागीदारी भी उन्हें समान अनुभव साझा करने वाले साथियों के नेटवर्क को बनाने में मदद कर सकती है और पारस्परिक समर्थन प्रदान कर सकती है।

समस्या-समाधान कौशल विकसित करना असफलता का सामना करने का एक अन्य महत्वपूर्ण पहलू है। किशोरों को समस्याओं को व्यवस्थित रूप से हल करने, विभिन्न विकल्पों पर विचार करने, और संभावित समाधान का मूल्यांकन करने के तरीके सिखाना उन्हें चुनौतियों को अधिक प्रभावी ढंग से हल करने के लिए सशक्त कर सकता है। उन्हें समाधान के बारे में आलोचनात्मक और रचनात्मक रूप से सोचने के लिए प्रोत्साहित करना कठिनाइयों के प्रति अधिक सक्रिय और संसाधनपूर्ण दृष्टिकोण विकसित करने में मदद कर सकता है। विभिन्न संदर्भों में समस्या-समाधान का अभ्यास करने के अवसर प्रदान करना उनकी चुनौतियों को संभालने की आत्मविश्वास और क्षमता को बढ़ा सकता है।

आत्म-दया को प्रोत्साहित करना असफलता का सामना करने के लिए आवश्यक है। किशोर अपने स्वयं के सबसे कठोर आलोचक हो सकते हैं, और नकारात्मक आत्म-चर्चा असफलता और अपर्याप्तता की भावनाओं को बढ़ा सकती है। उन्हें आत्म-दया का अभ्यास करने के लिए सिखाना, जिसमें उन्हें उसी दयालुता और समझ के साथ खुद का व्यवहार करना शामिल है, जो वे समान स्थिति में एक मित्र को प्रदान करेंगे, उन्हें खुद के प्रति अधिक सहायक और क्षमाशील दृष्टिकोण विकसित करने में मदद कर सकता है। उन्हें याद दिलाना कि हर कोई गलतियाँ करता है और कठिनाइयों का सामना करता है, उन्हें असफलता के प्रति एक संतुलित दृष्टिकोण अपनाने में मदद कर सकता है। उन्हें उनकी ताकत और उपलब्धियों पर ध्यान केंद्रित करने के लिए प्रोत्साहित करना, बजाय उनकी असफलताओं पर ध्यान केंद्रित करने के, उनके आत्म-सम्मान और लचीलेपन को बढ़ा सकता है।

शारीरिक स्वास्थ्य और कल्याण असफलता का सामना करने में महत्वपूर्ण भूमिका निभाते हैं। नियमित शारीरिक गतिविधि, संतुलित आहार, और पर्याप्त नींद ऊर्जा स्तर बनाए रखने, तनाव को क म करने, और समग्र कल्याण को बढ़ाने के लिए आवश्यक हैं। किशोरों को आत्म-देखभाल को प्राथमिकता देने और ऐसी गतिविधियों में शामिल होने के लिए प्रोत्साहित करना जो शारीरिक और मानसिक स्वास्थ्य को बढ़ावा देती हैं, लचीलापन के लिए एक मजबूत आधार प्रदान कर सकता है। विशेष रूप से शारीरिक गतिविधि, चिंता और अवसाद के लक्षणों को कम करने, मूड सुधारने, और आत्म-सम्मान बढ़ाने में मददगार साबित हुई है। उन्हें ऐसी शारीरिक गतिविधियाँ खोजने के लिए प्रोत्साहित करना जो उन्हें आनंद

देती हों, उन्हें सक्रिय रहने और लचीलापन बनाने में मदद कर सकता है।

सांस्कृतिक और सामाजिक प्रभाव किशोरों के असफलता को देखने और उसका सामना करने के तरीके को प्रभावित कर सकते हैं। सफलता के लिए समाज के दबाव और असफलता से जुड़े कलंक अतिरिक्त तनाव और चिंता पैदा कर सकते हैं। इन सांस्कृतिक मानदंडों को चुनौती देना और सफलता और असफलता पर अधिक संतुलित और यथार्थवादी दृष्टिकोण को बढ़ावा देना महत्वपूर्ण है। किशोरों को अपनी शर्तों पर सफलता को परिभाषित करने और बाहरी मान्यता के बजाय व्यक्तिगत विकास और संतोष पर ध्यान केंद्रित करने के लिए प्रोत्साहित करना उन्हें असफलता के प्रति एक स्वस्थ दृष्टिकोण विकसित करने में मदद कर सकता है। सीखने, जिज्ञासा, और लचीलापन की संस्कृति को बढ़ावा देना, पूर्णतावाद और प्रतिस्पर्धा की जगह, कठिनाइयों का सामना करने के लिए एक अधिक सहायक वातावरण बना सकता है।

व्यक्तिगत विकास और विकास के अवसर प्रदान करना किशोरों को लचीलापन बनाने और असफलता का सामना करने में मदद कर सकता है। उन्हें अपनी रुचियों का पीछा करने, नई गतिविधियों का पता लगाने, और अपने आराम क्षेत्र से बाहर चुनौतियों को लेने के लिए प्रोत्साहित करना उनके आत्मविश्वास और कौशल को बढ़ा सकता है। नेतृत्व, रचनात्मकता, और आत्म-अभिव्यक्ति के अवसर प्रदान करना उन्हें उद्देश्य और संतोष की भावना विकसित करने में मदद कर सकता है। उन्हें सामुदायिक सेवा या स्वयंसेवा कार्य में भाग लेने के लिए प्रोत्साहित करना भी उपलब्धि और दूसरों के साथ संबंध की भावना प्रदान कर सकता है।

धैर्य और दृढ़ता के महत्व के बारे में किशोरों को शिक्षित करना असफलता का सामना करने के लिए महत्वपूर्ण है। सफलता अक्सर निरंतर प्रयास और कठिनाइयों का सामना करने की क्षमता की मांग करती है। उन व्यक्तियों की कहानियाँ साझा करना, जिन्होंने असफलताओं को पार किया और दृढ़ता के माध्यम से सफलता प्राप्त की, प्रेरणा और प्रोत्साहन प्रदान कर सकता है। किशोरों को उनकी आकांक्षाओं को प्राप्त करने के लिए, बाधाओं का सामना करने पर भी, अपने लक्ष्यों के प्रति प्रतिबद्ध रहने के लिए प्रोत्साहित करना उन्हें वह संकल्प और लचीलापन विकसित करने में मदद कर सकता है जिसकी उन्हें आवश्यकता

है।

अंत में, असफलता और कठिनाइयों का सामना करना व्यक्तिगत विकास और लचीलापन का एक महत्वपूर्ण पहलू है, विशेष रूप से किशोरावस्था के दौरान। विकासशील मानसिकता को बढ़ावा देकर, भावनात्मक लचीलापन बनाकर, समर्थन और मार्गदर्शन प्रदान करके, यथार्थवादी लक्ष्य निर्धारण को प्रोत्साहित करके, समस्या-समाधान कौशल विकसित करके, आत्म-दया को बढ़ावा देकर, और शारीरिक स्वास्थ्य और कल्याण को प्राथमिकता देकर, हम किशोरों को आत्मविश्वास और लचीलापन के साथ असफलता और कठिनाइयों की चुनौतियों का सामना करने में मदद कर सकते हैं।

एक सहायक वातावरण बनाना, समाज के दबावों को चुनौती देना, और व्यक्तिगत विकास के अवसर प्रदान करना किशोरों को उनके अनुभवों से सीखने और सकारात्मक और सक्रिय दृष्टिकोण के साथ आगे बढ़ने के लिए सशक्त कर सकता है। किशोरों को इस यात्रा में समर्थन देना न केवल उनके वर्तमान कल्याण को बढ़ावा देता है, बल्कि उन्हें लचीलापन, अनुकूलनशीलता, और सफलता के जीवनकाल के लिए तैयार करता है।

"वित्तीय साक्षरता एक महत्वपूर्ण जीवन कौशल है।
किशोरों को बजट बनाना, बचत करना, और जिम्मेदारी से खर्च करना सिखाएँ।
यह ज्ञान उन्हें वित्तीय स्वतंत्रता के लिए तैयार करता है।"

18

स्वयंसेवा और सहानुभूति को प्रोत्साहित करना

किशोरों में स्वयंसेवा और सहानुभूति को प्रोत्साहित करना उन्हें दयालु, ज़िम्मेदार, और जागरूक नागरिक के रूप में विकसित करने के लिए अत्यंत महत्वपूर्ण है। स्वयंसेवा किशोरों को अपने समुदायों में योगदान देने, मूल्यवान कौशल विकसित करने, और उद्देश्य और संतुष्टि की भावना प्राप्त करने का अवसर प्रदान करता है। सहानुभूति, अर्थात् दूसरों की भावनाओं को समझने और साझा करने की क्षमता, मजबूत और सहायक संबंध बनाने और अधिक समावेशी और देखभालपूर्ण समाज को बढ़ावा देने के लिए आवश्यक है। स्वयंसेवा और सहानुभूति को प्रोत्साहित करके, हम किशोरों को न केवल सफल बल्कि दयालु, ज़िम्मेदार, और सामुदायिक भावना से युक्त वयस्क बनने में मदद कर सकते हैं।

स्वयंसेवा किशोरों के लिए कई लाभ प्रदान करता है। यह उन्हें अपने समुदायों को वापस देने और दूसरों के जीवन पर सकारात्मक प्रभाव डालने का अवसर देता है। यह योगदान और भागीदारी की भावना उनके आत्मसम्मान को बढ़ा सकती है और उन्हें उपलब्धि की भावना प्रदान कर सकती है। स्वयंसेवा किशोरों को टीमवर्क, संवाद, समस्या-समाधान, और नेतृत्व जैसे महत्वपूर्ण जीवन कौशल विकसित करने में मदद करता है। ये कौशल न केवल उनके व्यक्तिगत जीवन में बल्कि उनके अकादमिक और पेशेवर करियर में भी मूल्यवान हैं। इसके अतिरिक्त, स्वयंसेवा कार्य किशोरों को विविध दृष्टिकोणों और अनुभवों से परिचित कराता है, जिससे उनकी समझ का विस्तार होता है और सामाजिक

ज़िम्मेदारी और सहानुभूति की भावना को बढ़ावा मिलता है।

किशोरों को स्वयंसेवा के लिए प्रोत्साहित करना अवसर और समर्थन प्रदान करके किया जा सकता है। स्कूल, सामुदायिक संगठन, और गैर-लाभकारी संस्थाएँ अक्सर स्वयंसेवा कार्यक्रम चलाते हैं जो किशोरों की भागीदारी का स्वागत करते हैं। माता-पिता और देखभालकर्ता भी किशोरों को उनकी रुचियों और जुनून के साथ मेल खाने वाले स्वयंसेवा अवसर खोजने में मदद करके एक महत्वपूर्ण भूमिका निभा सकते हैं। चाहे वह स्थानीय खाद्य बैंक में काम करना हो, पर्यावरणीय सफाई के प्रयासों में भाग लेना हो, या छोटे छात्रों को ट्यूटर करना हो, किशोरों के लिए भाग लेने और फर्क करने के कई तरीके हैं। उन्हें उनके योगदान का मूल्य समझाने और उनके प्रभाव को पहचानने में मदद करना महत्वपूर्ण है।

सहानुभूति स्वयंसेवा से गहराई से जुड़ी हुई है, क्योंकि दोनों में दूसरों की ज़रूरतों को समझना और संबोधित करना शामिल है। किशोरों में सहानुभूति विकसित करना उनके लिए विभिन्न दृष्टिकोणों से दुनिया को देखने और दूसरों के अनुभवों और भावनाओं की सराहना करने के लिए प्रोत्साहित करना शामिल है। यह खुली बातचीत, सक्रिय सुनने, और विविध संस्कृतियों और जीवन के अनुभवों के संपर्क के माध्यम से विकसित किया जा सकता है। किशोरों को साहित्य पढ़ने, फ़िल्में देखने, और विभिन्न दृष्टिकोणों की खोज करने वाली चर्चाओं में शामिल होने के लिए प्रोत्साहित करना उनकी सहानुभूति क्षमता को बढ़ा सकता है। दैनिक बातचीत में सहानुभूति का अभ्यास करना, जैसे साथियों के प्रति दयालु होना, परिवार के सदस्यों की मदद करना, और दोस्तों का समर्थन करना, इन मूल्यों को सुदृढ़ करता है और किशोरों को मजबूत और सहायक संबंध बनाने में मदद करता है।

अनुभवात्मक शिक्षण के माध्यम से सहानुभूति और स्वयंसेवा को बढ़ावा देना एक प्रभावी तरीका है। स्वयंसेवा, सामुदायिक सेवा परियोजनाओं, और सेवा-शिक्षा कार्यक्रमों जैसी व्यावहारिक गतिविधियाँ किशोरों को सीधे अपने समुदायों के साथ जुड़ने और उनके प्रयासों के प्रभाव को देखने की अनुमति देती हैं। ये अनुभव उन्हें सामाजिक मुद्दों और दूसरों द्वारा सामना की जाने वाली चुनौतियों की गहरी समझ विकसित करने में मदद करते हैं। विभिन्न पृष्ठभूमियों और परिस्थितियों के लोगों के साथ काम करके, किशोर सहानुभूति और विविधता की सराहना

की भावना विकसित कर सकते हैं। सेवा-शिक्षा कार्यक्रम, जो शैक्षणिक शिक्षण को सामुदायिक सेवा के साथ जोड़ते हैं, किशोरों को उनके ज्ञान और कौशल को वास्तविक मुद्दों पर लागू करने का एक संरचित तरीका प्रदान करते हैं, जिससे उनकी सहानुभूति और सामाजिक जागरूकता को और बढ़ावा मिलता है।

रोल मॉडलिंग किशोरों में स्वयंसेवा और सहानुभूति को प्रोत्साहित करने का एक और प्रभावी तरीका है। माता-पिता, शिक्षक, और सामुदायिक नेता जैसे वयस्क इन मूल्यों को अपने स्वयं के कार्यों के माध्यम से प्रदर्शित कर सकते हैं। जब किशोर वयस्कों को स्वयंसेवा कार्यों में सक्रिय रूप से भाग लेते और अपनी बातचीत में सहानुभूति प्रदर्शित करते हुए देखते हैं, तो वे स्वयं इन व्यवहारों को अपनाने की अधिक संभावना रखते हैं। स्वयंसेवा अनुभवों की व्यक्तिगत कहानियाँ साझा करना और दैनिक जीवन में सहानुभूति के महत्व पर चर्चा करना किशोरों को शामिल होने और इन गुणों को विकसित करने के लिए प्रेरित कर सकता है। रोल मॉडल मार्गदर्शन और समर्थन प्रदान कर सकते हैं, किशोरों को स्वयंसेवा कार्य और सहानुभूतिपूर्ण व्यवहार की चुनौतियों और पुरस्कारों को नेविगेट करने में मदद कर सकते हैं।

एक ऐसा सहायक वातावरण बनाना जो स्वयंसेवा और सहानुभूति को महत्व देता हो और मान्यता प्रदान करता हो, महत्वपूर्ण है। स्कूल और समुदाय स्वयंसेवकों के योगदान को मनाकर और उनकी सराहना करके इन प्रयासों को प्रोत्साहित कर सकते हैं। पुरस्कार, प्रमाण पत्र, और सार्वजनिक मान्यता स्वयंसेवा कार्य के महत्व को सुदृढ़ कर सकती है और किशोरों को भाग लेने के लिए प्रेरित कर सकती है। स्वयंसेवा गतिविधियों में सहकर्मी समर्थन और सहयोग को प्रोत्साहित करना अनुभव को और अधिक आनंददायक और पुरस्कृत बना सकता है। सहानुभूति और स्वयंसेवा को महत्व देने वाली संस्कृति को बढ़ावा देकर, हम एक ऐसा वातावरण बना सकते हैं जहाँ इन गुणों को प्रोत्साहित और सराहा जाए।

प्रतिबिंब को प्रोत्साहित करना स्वयंसेवा और सहानुभूति की गहरी समझ विकसित करने का एक महत्वपूर्ण पहलू है। स्वयंसेवा गतिविधियों में भाग लेने के बाद, किशोरों को उनके अनुभवों पर विचार करने के लिए प्रोत्साहित करना उन्हें यह समझने में मदद कर सकता है कि उन्होंने क्या सीखा और इसका उन पर क्या प्रभाव पड़ा। प्रतिबिंब चर्चाओं, जर्नलिंग, या रचनात्मक परियोजनाओं के माध्यम

से किया जा सकता है, जो किशोरों को अपनी भावनाओं और विचारों को व्यक्त करने की अनुमति देते हैं। प्रश्न पूछना, जैसे "आपने इस अनुभव से क्या सीखा?" "यह आपको कैसा महसूस कराता है?" और "आपके कार्यों का दूसरों पर क्या प्रभाव पड़ा?" उन्हें अंतर्दृष्टि प्राप्त करने और सामाजिक ज़िम्मेदारी और सहानुभूति की अधिक गहरी भावना विकसित करने में मदद कर सकता है।

"संतुलन किशोरों के जीवन में कुंजी है।
अकादमिक गतिविधियों, शारीरिक गतिविधियों, और सामाजिक संपर्कों का
स्वस्थ संतुलन बनाए रखने के लिए प्रोत्साहित करें।
यह संतुलन समग्र विकास का समर्थन करता है।"

19

एक सुरक्षित और सहायक घरेलू वातावरण का निर्माण

एक सुरक्षित और सहायक घरेलू वातावरण का निर्माण किशोरों के स्वस्थ विकास और कल्याण के लिए बुनियादी है। यह वातावरण वह आधार प्रदान करता है जहाँ वे बढ़ सकते हैं, सीख सकते हैं, और सफलता प्राप्त कर सकते हैं। इसमें शारीरिक सुरक्षा, भावनात्मक समर्थन, और जुड़ाव और स्थिरता की भावना को बढ़ावा देना शामिल है। जब किशोर किशोरावस्था की जटिलताओं से गुजरते हैं, तो एक पोषणपूर्ण घरेलू वातावरण उन्हें लचीलापन बनाने, स्वस्थ संबंध विकसित करने, और अपनी पूरी क्षमता प्राप्त करने में मदद कर सकता है।

शारीरिक सुरक्षा सहायक घरेलू वातावरण का पहला आवश्यक पहलू है। सुनिश्चित करना कि घर खतरों और जोखिमों से मुक्त है, अत्यंत महत्वपूर्ण है। इसमें दुर्घटनाओं को रोकने के लिए कदम उठाना, दवाओं और आग्नेयास्त्रों जैसे खतरनाक वस्तुओं को सुरक्षित रखना, और एक स्वच्छ और व्यवस्थित रहने की जगह बनाए रखना शामिल है। एक सुरक्षित घर किशोरों को बिना किसी डर के स्वतंत्र रूप से और आत्मविश्वास से चलने की अनुमति देता है। इसके अतिरिक्त, एक ऐसा वातावरण बनाना जहाँ नियम और सीमाएँ स्पष्ट और लगातार लागू हों, सुरक्षा की भावना पैदा करने में मदद करता है। किशोरों को यह जानने की ज़रूरत है कि उनसे क्या अपेक्षा की जाती है और उनके कार्यों के परिणाम क्या होंगे। यह

स्पष्टता उन्हें सुरक्षित महसूस कराती है और उस संरचना को समझने में मदद करती है जिसके भीतर वे काम करते हैं।

भावनात्मक समर्थन एक पोषणपूर्ण घरेलू वातावरण बनाने में उतना ही महत्वपूर्ण है। किशोरावस्था भावनात्मक उथल-पुथल का समय है, क्योंकि किशोर अपने शरीर, भावनाओं, और सामाजिक संबंधों में तेजी से बदलाव का अनुभव करते हैं। भावनात्मक समर्थन प्रदान करने में उपस्थित रहना, सक्रिय रूप से सुनना, और उनकी भावनाओं को मान्यता देना शामिल है। माता-पिता और देखभालकर्ता किशोरों को उनकी भावनाओं को नेविगेट करने में मदद करने में महत्वपूर्ण भूमिका निभाते हैं, समझ, सहानुभूति, और मार्गदर्शन प्रदान करके। एक खुला और बिना किसी निर्णय के माहौल बनाना, जहाँ किशोर खुद को व्यक्त करने में सहज महसूस करें, आवश्यक है। खुले संवाद को प्रोत्साहित करना और सुलभ रहना किशोरों को उनकी चिंताओं, भय, और खुशियों को साझा करने की अनुमति देता है, बिना आलोचना या अस्वीकृति के डर के।

जुड़ाव और स्थिरता की भावना किशोरों के विकास के लिए महत्वपूर्ण है। उन्हें यह महसूस करने की आवश्यकता है कि वे परिवार का एक अभिन्न हिस्सा हैं और उनके योगदान की सराहना की जाती है। इसमें पारिवारिक गतिविधियों, परंपराओं, और अनुष्ठानों के माध्यम से जुड़ाव और एकजुटता की भावना को बढ़ावा देना शामिल है। गुणवत्तापूर्ण समय बिताना, चाहे वह साझा भोजन, बाहरी यात्राओं, या पारिवारिक परियोजनाओं के माध्यम से हो, पारिवारिक संबंधों को मजबूत करने और स्थायी यादें बनाने में मदद करता है। स्थिरता का अर्थ एक सुसंगत और पूर्वानुमेय वातावरण प्रदान करना भी है। जबकि लचीलापन महत्वपूर्ण है, दिनचर्या और परंपराओं को बनाए रखना सामान्यता और सुरक्षा की भावना प्रदान करता है। किशोरों को यह जानने की आवश्यकता है कि वे अपने घर को एक स्थिर और भरोसेमंद स्थान के रूप में गिन सकते हैं।

घर के भीतर सकारात्मक संबंधों को बढ़ावा देना सहायक वातावरण बनाने के लिए आवश्यक है। माता-पिता, भाई-बहनों, और अन्य परिवार के सदस्यों के साथ स्वस्थ संबंध विश्वास और आपसी सम्मान का आधार प्रदान करते हैं। सकारात्मक बातचीत, प्रभावी संचार, और संघर्ष समाधान कौशल को प्रोत्साहित करना मजबूत और सहायक संबंध बनाने में मदद करता है। माता-पिता और

देखभालकर्ता के रूप में इन व्यवहारों का प्रदर्शन करना, यह दिखाने के लिए कि संघर्षों को रचनात्मक रूप से कैसे नेविगेट किया जाए और खुले और सम्मानजनक तरीके से संवाद किया जाए, महत्वपूर्ण है। सकारात्मक संबंध बनाना प्रत्येक परिवार के सदस्य की व्यक्तिगतता और योगदान को पहचानने और मनाने में भी शामिल है। उपलब्धियों को मान्यता देना, प्रोत्साहन प्रदान करना, और प्रशंसा दिखाना एक सकारात्मक और सहायक वातावरण को बढ़ावा देता है।

किशोरों की स्वायत्तता और स्वतंत्रता का समर्थन एक सहायक घरेलू वातावरण का एक प्रमुख पहलू है। जैसे-जैसे वे बढ़ते हैं, किशोरों को निर्णय लेने, जिम्मेदारियाँ लेने, और अपने अनुभवों से सीखने के अवसरों की आवश्यकता होती है। स्वायत्तता को प्रोत्साहित करना उनके निर्णय लेने और नई चुनौतियों को लेने में उनका समर्थन करने में विश्वास व्यक्त करना शामिल है। यह उन्हें आत्मविश्वास और जिम्मेदारी की भावना विकसित करने में मदद करता है। किशोरों को घरेलू कार्यों में योगदान देने, अपने कार्यक्रमों का प्रबंधन करने, और अपनी गतिविधियों के बारे में निर्णय लेने के अवसर प्रदान करना स्वतंत्रता को बढ़ावा देता है। मार्गदर्शन प्रदान करने और उन्हें अपनी गति से सीखने और बढ़ने की स्वतंत्रता देने के बीच संतुलन बनाना महत्वपूर्ण है।

शैक्षिक समर्थन एक सहायक घरेलू वातावरण का एक और महत्वपूर्ण घटक है। अकादमिक उपलब्धि और सीखने के प्रति प्रेम को प्रोत्साहित करना किशोरों को उनकी पूरी क्षमता तक पहुँचने में मदद करता है। इसमें एक अनुकूल अध्ययन वातावरण बनाना, शैक्षिक संसाधनों तक पहुँच प्रदान करना, और उनके अकादमिक प्रयासों का समर्थन करना शामिल है। उनके स्कूलवर्क में रुचि दिखाना, माता-पिता-शिक्षक सम्मेलनों में भाग लेना, और उनकी उपलब्धियों का जश्न मनाना शिक्षा के महत्व को सुदृढ़ करता है। यह चुनौतीपूर्ण समय में सहायता और मार्गदर्शन प्रदान करना भी महत्वपूर्ण है, उन्हें प्रभावी अध्ययन आदतें, समस्या-समाधान कौशल, और लचीलापन विकसित करने में मदद करता है।

किशोरों के सामाजिक विकास का समर्थन करना उनके समग्र कल्याण के लिए महत्वपूर्ण है। सकारात्मक साथी संबंधों को प्रोत्साहित करना और सामाजिक

संपर्क के अवसर प्रदान करना उन्हें सामाजिक कौशल और जुड़ाव की भावना बनाने में मदद करता है। इसमें सह-पाठ्यक्रम गतिविधियों, खेल, क्लबों, और सामुदायिक आयोजनों में उनकी भागीदारी को सुविधाजनक बनाना शामिल हो सकता है। सामाजिक गतिशीलता, जैसे साथियों के दबाव का सामना करना और संघर्षों को हल करना, उन्हें स्वस्थ और सकारात्मक संबंध विकसित करने में मदद करता है। उनकी सामाजिक बातचीत के प्रति सतर्क रहना और जब भी आवश्यक हो, समर्थन और हस्तक्षेप प्रदान करना, उनके सुरक्षा और कल्याण को सुनिश्चित करता है।

स्वस्थ और सकारात्मक जीवनशैली को बढ़ावा देना किशोरों के विकास के लिए आवश्यक है। नियमित शारीरिक गतिविधि, संतुलित आहार, और पर्याप्त नींद को प्रोत्साहित करना उनके शारीरिक स्वास्थ्य और कल्याण का समर्थन करता है। पोषण से भरपूर भोजन प्रदान करना, नियमित व्यायाम को बढ़ावा देना, और स्वस्थ नींद की दिनचर्या स्थापित करना किशोरों को उनकी ऊर्जा के स्तर को बनाए रखने और समग्र स्वास्थ्य में सुधार करने में मदद करता है। स्वस्थ आदतों को प्रोत्साहित करना, जैसे स्क्रीन समय को सीमित करना और बाहरी गतिविधियों को बढ़ावा देना, उनके शारीरिक और मानसिक कल्याण का समर्थन करता है। माता-पिता और देखभालकर्ताओं के रूप में, इन स्वस्थ व्यवहारों का प्रदर्शन करना और आत्म-देखभाल और संतुलित जीवनशैली के महत्व को दिखाना आवश्यक है।

मानसिक स्वास्थ्य समर्थन एक सहायक घरेलू वातावरण का एक महत्वपूर्ण पहलू है। किशोरावस्था एक चुनौतीपूर्ण समय हो सकता है, जिसमें किशोर तनाव, चिंता, और अन्य मानसिक स्वास्थ्य समस्याओं का अनुभव कर सकते हैं। मानसिक स्वास्थ्य समर्थन प्रदान करने में उनकी भावनात्मक भलाई पर ध्यान देना, संकट के संकेतों को पहचानना, और उचित समर्थन और हस्तक्षेप प्रदान करना शामिल है। मानसिक स्वास्थ्य पर खुली बातचीत को प्रोत्साहित करना, कलंक को कम करना, और सामना करने की रणनीतियों को बढ़ावा देना किशोरों को अपनी भावनाओं को प्रबंधित करने और आवश्यकता होने पर मदद लेने में मदद करता है। परामर्श और चिकित्सा जैसी मानसिक स्वास्थ्य संसाधनों तक पहुँच प्रदान करना उनके मानसिक स्वास्थ्य और कल्याण का समर्थन करता है। एक ऐसा वातावरण बनाना जहाँ किशोर मदद माँगने और अपनी मानसिक स्वास्थ्य चिंताओं पर चर्चा करने में सहज महसूस करें, अत्यंत महत्वपूर्ण है।

आत्म-अभिव्यक्ति और रचनात्मकता को प्रोत्साहित करना किशोरों के विकास के लिए महत्वपूर्ण है। उन्हें अपनी रुचियों, प्रतिभाओं, और जुनून की खोज करने के अवसर प्रदान करना उन्हें पहचान और आत्म-मूल्य की भावना विकसित करने में मदद करता है। इसमें उन्हें कला, संगीत, खेल, और अन्य रचनात्मक गतिविधियों में भाग लेने का समर्थन करना शामिल है। उन्हें लिखने, चित्र बनाने, या अन्य रचनात्मक माध्यमों के माध्यम से खुद को व्यक्त करने के लिए प्रोत्साहित करना उनकी व्यक्तिगतता और आत्मविश्वास को बढ़ावा देता है। एक सहायक और बिना निर्णय का वातावरण प्रदान करना, जहाँ वे अपनी रचनात्मकता का पता लगाने और व्यक्त करने के लिए स्वतंत्र महसूस करें, आवश्यक है।

सांस्कृतिक और नैतिक मूल्यों का शिक्षण एक सहायक घरेलू वातावरण बनाने में महत्वपूर्ण भूमिका निभाता है। सम्मान, सहानुभूति, ईमानदारी, और जिम्मेदारी जैसे मूल्यों के महत्व के बारे में किशोरों को सिखाना उन्हें एक मजबूत नैतिक आधार विकसित करने में मदद करता है। उन्हें उनके सांस्कृतिक विरासत की सराहना करने और समझने के लिए प्रोत्साहित करना पहचान और गर्व की भावना को बढ़ावा देता है। सांस्कृतिक गतिविधियों और परंपराओं में भाग लेने के अवसर प्रदान करना उन्हें उनकी जड़ों से जोड़े रखता है। उन्हें विविधता का सम्मान और सराहना करने के लिए प्रोत्साहित करना एक समावेशी और सहानुभूतिपूर्ण दृष्टिकोण को बढ़ावा देता है।

वित्तीय साक्षरता किशोरों को भविष्य के लिए तैयार करने का एक महत्वपूर्ण पहलू है। उन्हें पैसे का प्रबंधन, बजट बनाना, बचत करना, और वित्तीय योजना बनाना सिखाना उन्हें ज़िम्मेदार वित्तीय आदतें विकसित करने में मदद करता है। किशोरों को अपनी धनराशि का प्रबंधन करने के अवसर प्रदान करना, चाहे वह पॉकेट मनी हो या अंशकालिक नौकरी, उन्हें व्यावहारिक वित्तीय कौशल विकसित करने में मदद करता है। वित्तीय लक्ष्यों और ज़िम्मेदारियों पर चर्चा को प्रोत्साहित करना उन्हें वित्तीय योजना और स्थिरता के महत्व को समझने में मदद करता है।

तकनीक और मीडिया साक्षरता आज के डिजिटल युग में अत्यंत महत्वपूर्ण है। किशोरों को तकनीक का ज़िम्मेदारी और सुरक्षित उपयोग, इंटरनेट सुरक्षा, और डिजिटल नागरिकता के बारे में सिखाना उन्हें डिजिटल दुनिया को प्रभावी ढंग से

नेविगेट करने में मदद करता है। उन्हें ऑनलाइन जानकारी का आलोचनात्मक मूल्यांकन करने और अपने डिजिटल फुटप्रिंट को ध्यान में रखने के लिए प्रोत्साहित करना ज़िम्मेदार तकनीकी उपयोग को बढ़ावा देता है। स्क्रीन समय और अन्य गतिविधियों के बीच संतुलन बनाए रखने पर मार्गदर्शन प्रदान करना उनके समग्र कल्याण का समर्थन करता है। ज़िम्मेदार तकनीकी उपयोग का प्रदर्शन करना और घर में तकनीकी उपयोग के लिए दिशानिर्देश और सीमाएँ स्थापित करना आवश्यक है।

लचीलापन और सामना करने के कौशल बनाना किशोरों के विकास के लिए अनिवार्य है। उन्हें तनाव प्रबंधन, कठिनाइयों का सामना करना, और चुनौतियों से उबरने के तरीके सिखाना उन्हें लचीलापन विकसित करने में मदद करता है। उन्हें माइंडफुलनेस, व्यायाम, और समर्थन की तलाश जैसी स्वस्थ सामना करने की रणनीतियों को अपनाने के लिए प्रोत्साहित करना उन्हें कठिन समय को नेविगेट करने में मदद करता है। एक ऐसा सहायक वातावरण प्रदान करना जहाँ वे जोखिम उठाने और अपने अनुभवों से सीखने के लिए सुरक्षित महसूस करें, लचीलापन को बढ़ावा देता है। प्रोत्साहन और समर्थन प्रदान करना, उन्हें चुनौतियों के प्रति सकारात्मक और सक्रिय दृष्टिकोण विकसित करने में मदद करता है।

अंत में, एक सुरक्षित और सहायक घरेलू वातावरण बनाना शारीरिक सुरक्षा, भावनात्मक समर्थन, जुड़ाव की भावना, और स्थिरता प्रदान करने में शामिल है। इसमें सकारात्मक संबंधों को बढ़ावा देना, स्वायत्तता और स्वतंत्रता का समर्थन करना, शैक्षिक और सामाजिक विकास को प्रोत्साहित करना, स्वस्थ जीवनशैली को बढ़ावा देना, और मानसिक स्वास्थ्य समर्थन प्रदान करना शामिल है। इसके अतिरिक्त, आत्म-अभिव्यक्ति को प्रोत्साहित करना, सांस्कृतिक और नैतिक मूल्यों को सिखाना, वित्तीय साक्षरता को बढ़ावा देना, और ज़िम्मेदार तकनीकी उपयोग का मार्गदर्शन करना आवश्यक है। एक पोषणपूर्ण और सहायक वातावरण प्रदान करके, माता-पिता और देखभालकर्ता किशोरों को कौशल, आत्मविश्वास, और लचीलापन विकसित करने में मदद कर सकते हैं, जो उन्हें किशोरावस्था की चुनौतियों को नेविगेट करने और अपनी पूरी क्षमता प्राप्त करने में सक्षम बनाता है। किशोरों को इस यात्रा में समर्थन देना न केवल उनके व्यक्तिगत कल्याण को बढ़ावा देता है, बल्कि परिवार और समुदाय की समग्र प्रगति और भलाई में भी योगदान देता है।

"विकासशील मानसिकता को बढ़ावा देना किशोरों को चुनौतियों को अपनाने के लिए सशक्त बनाता है।
उन्हें प्रयास को महारत का मार्ग मानने के लिए प्रोत्साहित करें।
यह मानसिकता लचीलापन और सीखने के प्रति प्रेम का निर्माण करती है।"

20
सारांश

आधुनिक विश्व में, तकनीक हमारे जीवन के लगभग हर पहलू में समाहित हो चुकी है, विशेषकर शिक्षा के क्षेत्र में। डिजिटल शिक्षा ने पारंपरिक शैक्षिक मॉडलों को बदल दिया है, जानकारी और संसाधनों तक अभूतपूर्व पहुँच प्रदान की है। हालाँकि, सीखने के वातावरण में तकनीक के तेजी से समावेश ने नैतिक चुनौतियाँ भी उत्पन्न की हैं, जिन्हें यह सुनिश्चित करने के लिए संबोधित करना आवश्यक है कि डिजिटल शिक्षा जिम्मेदारी और समानता के साथ संचालित हो। "टेक विद हार्ट: डिजिटल लर्निंग में नैतिकता का समावेश" इस आवश्यकता पर जोर देता है कि नैतिक विचारों को डिजिटल शिक्षा के हर पहलू में बुना जाए। यह दृष्टिकोण सुनिश्चित करता है कि तकनीकी प्रगति सीखने के अनुभवों को बेहतर बनाए, बिना गोपनीयता, समानता, और समावेशिता जैसे मूल्यों से समझौता किए।

नैतिक डिजिटल शिक्षा का आधार गोपनीयता को समझने और उसका सम्मान करने से शुरू होता है। एक ऐसे युग में जहाँ डेटा एक मूल्यवान वस्तु बन चुका है, छात्रों की व्यक्तिगत जानकारी की सुरक्षा अत्यंत महत्वपूर्ण है। शैक्षणिक संस्थानों और प्रौद्योगिकी प्रदाताओं को संवेदनशील जानकारी की सुरक्षा के लिए मजबूत डेटा सुरक्षा उपाय लागू करने चाहिए। इसमें अनधिकृत पहुँच और उल्लंघनों को रोकने के लिए एन्क्रिप्शन, सुरक्षित भंडारण समाधान, और नियमित डिट का उपयोग शामिल है। इसके अतिरिक्त, छात्रों और उनके परिवारों को डेटा गोपनीयता के बारे में शिक्षित करना चाहिए, जिससे वे समझ सकें कि कौन-सा डेटा एकत्र किया जा रहा है, उसका उपयोग कैसे हो रहा है, और इस जानकारी के संबंध में उनके अधिकार क्या हैं। पारदर्शी नीतियाँ और प्रथाएँ

विश्वास निर्माण करती हैं और एक सुरक्षित डिजिटल शिक्षण वातावरण को बढ़ावा देती हैं।

समानता नैतिक डिजिटल शिक्षा का एक और महत्वपूर्ण स्तंभ है। हालाँकि तकनीक शैक्षिक अंतराल को पाटने की क्षमता रखती है, यह, यदि सावधानीपूर्वक प्रबंधित न हो, तो असमानताओं को और बढ़ा सकती है। डिजिटल उपकरणों और इंटरनेट तक पहुँच छात्रों के बीच व्यापक रूप से भिन्न होती है, जो सामाजिक-आर्थिक स्थिति, भौगोलिक स्थान, और अन्य कारकों से प्रभावित होती है। यह सुनिश्चित करने के लिए कि सभी छात्र डिजिटल शिक्षा से लाभान्वित हों, प्रौद्योगिकी तक समान पहुँच प्रदान करने के प्रयास किए जाने चाहिए। इसमें उन छात्रों को उपकरण प्रदान करना शामिल हो सकता है जिनके पास यह नहीं है, विश्वसनीय इंटरनेट पहुँच सुनिश्चित करना, और छात्रों और शिक्षकों को डिजिटल उपकरणों का प्रभावी उपयोग करने के लिए प्रशिक्षण प्रदान करना।इसके अलावा, डिजिटल सामग्री को सभी शिक्षार्थियों, जिनमें दिव्यांगता वाले भी शामिल हैं, के लिए सुलभ बनाया जाना चाहिए।इसमें स्क्रीन रीडर-संगत सामग्री प्रदान करने और मल्टीमीडिया संसाधनों में कैप्शन और प्रतिलेख सुनिश्चित करने जैसी पहुँच दिशानिर्देशों का पालन करना शामिल है।

डिजिटल शिक्षा में समावेशिता प्रौद्योगिकी तक पहुँच से परे जाती है; इसमें सभी छात्रों के लिए एक सहायक और आकर्षक शिक्षण वातावरण का निर्माण शामिल है। इसका अर्थ है ऐसे पाठ्यक्रम और संसाधन डिज़ाइन करना जो विविध दृष्टिकोणों और संस्कृतियों को प्रतिबिंबित करें, और छात्रों के बीच एकता और सम्मान को बढ़ावा दें। शिक्षकों को अपने शिक्षण और उपयोग की जाने वाली डिजिटल उपकरणों में पक्षपात को पहचानने और उसका मुकाबला करने के लिए प्रशिक्षित किया जाना चाहिए। समावेशी प्रथाओं में छात्रों की भागीदारी और उनकी सीखने के अनुभवों में उनकी आवाज़ को प्रोत्साहित करना भी शामिल है, जिससे उन्हें अपनी अनूठी दृष्टिकोण साझा करने और शिक्षण समुदाय में योगदान करने की अनुमति मिलती है।

शिक्षा में कृत्रिम बुद्धिमत्ता (AI) और मशीन लर्निंग (ML) का नैतिक उपयोग एक बढ़ती हुई चिंता है।

ये प्रौद्योगिकियाँ व्यक्तिगत शिक्षा और प्रशासनिक दक्षताओं के लिए बड़े वादे करती हैं, लेकिन वे पक्षपात, पारदर्शिता, और उत्तरदायित्व के बारे में नैतिक सवाल भी उठाती हैं। AI सिस्टम अनजाने में अपने प्रशिक्षण डेटा में मौजूद पूर्वाग्रहों को जारी रख सकते हैं, जिससे अनुचित या भेदभावपूर्ण परिणाम हो सकते हैं। इन जोखिमों को कम करने के लिए यह आवश्यक है कि AI सिस्टम को निष्पक्ष और पूर्वाग्रह-रहित बनाने के लिए कठोर परीक्षण और मान्यकरण प्रक्रियाएँ लागू की जाएँ। AI-चालित निर्णयों के निर्माण की पारदर्शिता बनाए रखना और इन निर्णयों के स्पष्टीकरण प्रदान करना विश्वास बनाए रखने के लिए महत्वपूर्ण है।इसके अतिरिक्त, स्पष्ट उत्तरदायित्व तंत्र मौजूद होने चाहिए, यह सुनिश्चित करने के लिए कि शिकायतों को संबोधित करने और AI सिस्टम द्वारा किए गए किसी भी नुकसान को ठीक करने के लिए रास्ते उपलब्ध हैं।

डिजिटल साक्षरता नैतिक डिजिटल शिक्षा का एक अनिवार्य घटक है। छात्रों को डिजिटल दुनिया को सुरक्षित और जिम्मेदारी से नेविगेट करने के कौशल से लैस करना आवश्यक है। इसमें ऑनलाइन जानकारी की विश्वसनीयता का मूल्यांकन करने का तरीका समझना, साइबर खतरों को पहचानना और उनसे बचना, और एक स्वस्थ डिजिटल पहचान बनाए रखना शामिल है। डिजिटल साक्षरता शिक्षा में प्रौद्योगिकी उपयोग के नैतिक निहितार्थ, जैसे बौद्धिक संपदा का सम्मान करना, ऑनलाइन व्यवहार के प्रभाव को समझना, और डिजिटल शिष्टाचार के प्रति जागरूकता शामिल होनी चाहिए। डिजिटल साक्षरता को बढ़ावा देकर, हम छात्रों को जिम्मेदार डिजिटल नागरिक बनने के लिए सशक्त बनाते हैं, जो प्रौद्योगिकी और इसके सामाजिक प्रभावों के साथ आलोचनात्मक रूप से जुड़ सकते हैं।

शिक्षकों की भूमिका डिजिटल शिक्षा में नैतिकता को एकीकृत करने में महत्वपूर्ण है। उन्हें नैतिक व्यवहार का मॉडल बनाना चाहिए और छात्रों को डिजिटल वातावरण में उत्पन्न होने वाली नैतिक दुविधाओं को नेविगेट करने में मार्गदर्शन देना चाहिए। शिक्षकों को डेटा गोपनीयता, डिजिटल समानता, समावेशी शिक्षण प्रथाओं, और प्रौद्योगिकी के नैतिक उपयोग पर प्रशिक्षित करने के लिए पेशेवर विकास और चल रहे प्रशिक्षण की आवश्यकता है। इसके अतिरिक्त, शिक्षकों को अपने कक्षाओं में नैतिकता पर एक खुला संवाद प्रोत्साहित करना चाहिए, जिससे छात्रों को डिजिटल शिक्षा से जुड़े नैतिक मुद्दों का पता लगाने और चर्चा करने के लिए एक स्थान मिल सके।

माता-पिता की भागीदारी नैतिक डिजिटल शिक्षा का एक और महत्वपूर्ण पहलू है। माता-पिता और अभिभावकों को उनके बच्चों की डिजिटल शिक्षा और उससे जुड़ी नैतिक विचारों के बारे में बातचीत में शामिल किया जाना चाहिए। स्कूल और शिक्षक उन्हें घर पर सुरक्षित और जिम्मेदार तकनीकी उपयोग को बढ़ावा देने के लिए संसाधन और मार्गदर्शन प्रदान कर सकते हैं। शिक्षा और परिवारों के बीच यह साझेदारी नैतिक प्रथाओं को सुदृढ़ करती है और डिजिटल शिक्षा के प्रति एक सुसंगत दृष्टिकोण सुनिश्चित करती है।

नैतिक डिजिटल शिक्षा को बढ़ावा देने में नीति और विनियमन की भूमिका को नकारा नहीं जा सकता। सरकारों और शैक्षणिक अधिकारियों को शिक्षा में प्रौद्योगिकी के नैतिक उपयोग के लिए स्पष्ट दिशानिर्देश और मानक स्थापित करने चाहिए। इसमें डेटा गोपनीयता के लिए मानक निर्धारित करना, डिजिटल संसाधनों तक समान पहुँच सुनिश्चित करना, और समावेशी प्रथाओं को बढ़ावा देना शामिल है। नियामक ढाँचे में शिक्षा में उभरती प्रौद्योगिकियों, जैसे AI के नैतिक उपयोग को भी संबोधित करना चाहिए, जिससे निगरानी और उत्तरदायित्व तंत्र प्रदान किया जा सके। नीतियाँ प्रभावी ढंग से विकसित और कार्यान्वित करने के लिए नीति-निर्माताओं, शिक्षकों, प्रौद्योगिकी प्रदाताओं, और अन्य हितधारकों के बीच सहयोग आवश्यक है।

नैतिक डिजिटल शिक्षा में निरंतर प्रतिबिंब और सुधार की संस्कृति को बढ़ावा देना भी शामिल है। जैसे-जैसे तकनीक विकसित होती है, वैसे ही इसके साथ उत्पन्न नैतिक चुनौतियाँ भी बदलती हैं। शैक्षणिक संस्थानों और प्रौद्योगिकी प्रदाताओं को इन मुद्दों को संबोधित करने में सतर्क और सक्रिय रहना चाहिए। इसमें नियमित रूप से नीतियों और प्रथाओं की समीक्षा और अद्यतन करना, उभरते नैतिक चिंताओं के बारे में सूचित रहना, और छात्रों, शिक्षकों, और अन्य हितधारकों से प्रतिक्रिया लेना शामिल है। एक सक्रिय और प्रतिबिंबशील दृष्टिकोण अपनाकर, हम यह सुनिश्चित कर सकते हैं कि डिजिटल शिक्षा नैतिक मूल्यों और सिद्धांतों के साथ संरेखित होती रहे।

डिजिटल शिक्षा की वैश्विक प्रकृति नैतिकता के महत्व को और बढ़ाती है। डिजिटल शिक्षा भौगोलिक सीमाओं को पार कर, विभिन्न सांस्कृतिक और सामाजिक-

आर्थिक पृष्ठभूमियों के छात्रों और शिक्षकों को जोड़ती है। यह आपस में जुड़ाव सांस्कृतिक मतभेदों का सम्मान करते हुए समानता, समावेशिता, और मानव अधिकारों जैसे मौलिक मूल्यों को बढ़ावा देने के प्रति प्रतिबद्धता की माँग करता है। अंतरराष्ट्रीय सहयोग और संवाद इन मानकों को विकसित और बनाए रखने के लिए आवश्यक हैं, यह सुनिश्चित करते हुए कि डिजिटल शिक्षा सभी शिक्षार्थियों को उनके स्थान की परवाह किए बिना लाभान्वित करती है।

अंत में, नैतिक डिजिटल शिक्षा छात्रों को व्यापक डिजिटल दुनिया में होने वाली नैतिक चुनौतियों के लिए तैयार करने में शामिल है।
यह तैयारी कक्षा से परे है, छात्रों को व्यक्तिगत और व्यावसायिक जीवन में नैतिक दुविधाओं को नेविगेट करने के लिए उपकरण और मानसिकता प्रदान करती है। डिजिटल शिक्षा में नैतिकता को एकीकृत करके, हम छात्रों को एक मजबूत नैतिक दृष्टिकोण और सूचित और नैतिक निर्णय लेने के लिए आवश्यक आलोचनात्मक सोच कौशल विकसित करने में मदद करते हैं।

"टेक विद हार्ट: डिजिटल लर्निंग में नैतिकता का समावेश" का सार यह है कि डिजिटल शिक्षा के हर पहलू में नैतिक विचारों को शामिल करना कितना महत्वपूर्ण है। यह दृष्टिकोण यह सुनिश्चित करता है कि तकनीकी प्रगति सीखने के अनुभवों को बढ़ावा दे, बिना गोपनीयता, समानता, समावेशिता, और ईमानदारी जैसे मूल्यों से समझौता किए। नैतिक जागरूकता और ज़िम्मेदारी की संस्कृति को बढ़ावा देकर, हम एक ऐसा डिजिटल शिक्षण वातावरण बना सकते हैं, जो न केवल छात्रों को शैक्षणिक और व्यावसायिक सफलता के लिए तैयार करता है, बल्कि दयालु, ज़िम्मेदार, और जागरूक नागरिकों को भी विकसित करता है।सहयोग, शिक्षा, और निरंतर सुधार के प्रति प्रतिबद्धता के माध्यम से, हम डिजिटल शिक्षा की नैतिक चुनौतियों को नेविगेट कर सकते हैं और प्रौद्योगिकी की पूरी क्षमता का उपयोग कर सभी शिक्षार्थियों के लिए एक बेहतर और अधिक न्यायपूर्ण दुनिया बना सकते हैं।

उद्धरण और संदर्भ

यह पुस्तक व्यापक अनुसंधान और सूक्ष्म विश्लेषण का परिणाम है, जिसमें विभिन्न स्रोतों जैसे अनेक पुस्तकों, विद्वानों के अध्ययन और व्यक्तिगत अनुभवों को सम्मिलित किया गया है। इसके अतिरिक्त, मैंने इस कार्य को संकलित करने के लिए प्रासंगिक जानकारी और आंकड़े जुटाने हेतु विभिन्न वेबसाइटों की भी खोज की है। मैंने प्रस्तुत जानकारी की सटीकता सुनिश्चित करने के लिए हर संभव प्रयास किया है और सभी स्रोतों का विधिपूर्वक उल्लेख किया है ताकि उनके योगदान को सम्मानित किया जा सके।

इन प्रयासों के बावजूद, अनजाने में त्रुटियाँ होने की संभावना बनी रहती है। मैं अपने पाठकों के विचारों को अत्यधिक महत्व देता हूँ और किसी भी ऐसी त्रुटि की पहचान करने और उसे सुधारने के लिए आपके फीडबैक का स्वागत करता हूँ। मैं आपसे आग्रह करता हूँ कि किसी भी प्रकार की विसंगतियों को मेरी जानकारी में लाएँ।

आपका फीडबैक न केवल स्वागत योग्य है बल्कि अत्यावश्यक भी है, क्योंकि यह वर्तमान संस्करण में सुधार लाने और भविष्य के संस्करणों की सामग्री को और बेहतर बनाने में मदद करेगा। मैं अपनी कृतियों में उच्चतम स्तर की सटीकता और विश्वसनीयता बनाए रखने के प्रति प्रतिबद्ध हूँ और आपके समर्थन और समझ के लिए धन्यवाद देता हूँ।

इसके अतिरिक्त, मैं संविधान के अनुच्छेद 19(1)(क) के तहत गारंटीकृत अभिव्यक्ति की स्वतंत्रता के सिद्धांत का दृढ़ता से पालन करती हूँ और अपने सभी पाठकों के विविध दृष्टिकोणों और अभिव्यक्तियों का सम्मान करता हूँ।

Other Books Of The Author

1. Empowering Minds: A Journey into Women's Self-Discovery and Power
2. The Dynamics of Motivation: Catalyzing Thought into Action
3. Meditation and Mental Well Being: The Path to Inner Peace and Clarity
4. The Psychology of Child Education: Nurturing Future Generations
5. Ethical Enlightenment: A Modern Guide to Living with Integrity
6. Voices of Empowerment: Stories of Women Rising Against Odds
7. Social Psychology in Everyday Life: Understanding Human Connections
8. The Essence of Motivational Speaking: Inspiring Change in Others
9. Balancing Acts: Women, Work, and the Will to Lead
10. Guiding with Grace: Raising Children with Compassion and Awareness
11. The Power of Positive Aging: Embracing Life After Fifty
12. Building Resilient Communities: Social Work in Action
13. The Ethical Educator: Principles for Teaching and Learning
14. Innovative solutions for Social Change: The Role of Social Psychology for crafting a Better World
15. The Ethics of Empathy: A Guide to Ethical Living
16. The Science of Empowering the Self: Navigating Life's Challenges with Psychological Wisdom
17. The Mindful Conscious Leader: Meditation Techniques for Modern Management
18. Pioneering Spirit: Women's Pathways to Leadership and Empowerment
19. Feeling to Healing: The Role of Emotional Intelligence in Child Development
20. Transformative Talks and Words of Inspiration: Insights into

43. Altruistic Alchemy: Transforming Lives Through Giving
44. The Blueprint of Pro-Activeness and Productivity: Crafting Habits for Success
45. The Simplicity with Grounded Wisdom: Embracing Authenticity in a Complex World
46. Secret of Solopreneur's Odyssey: Navigating the Path to Self-Employment
47. Exploring Tapestry of Peace: Global Perspectives on Harmony
48. The Art and Actions of Connection: Mastering Communication for Impact
49. She Governs and at the Helm: Strategies for Political Empowerment
50. Rising Above and Rising with Grace: A Woman's Roadmap to Career Mastery
51. The Effect of Networking & Connectedness: Building Strategic Alliances for Women
52. Beyond his Barriers: Women Thriving in Male-Dominated Fields
53. Secret of Inner Compass: Navigating Life with Intuition
54. Creative & Pro-Active Muses: A Celebration of Women in the Arts
55. Unburdened: The Art of Releasing the Past
56. Amplified Voices: Speeches of Women that Astonished the World
57. Secret of Manifesting Dreams: A Woman's Guide to Intentional Living
58. Ethics and Value Based Education: Reimagining Japan's School System
59. The Moral Compass Curriculum: A Holistic Approach
60. Tech with Heart: Integrating Ethics into Digital Learning
61. Honoring Virtue: Recognizing Ethical Excellence in Education
62. Raising Good Humans: A Guide to Character Development
63. The Spark Within: Nurturing Creativity in Children
64. The Teenager Whisperer: Navigating Adolescence with Grace
65. Igniting a Passion for Learning: Inspiring Lifelong Curiosity
66. The Habit Lab: Cultivating Positive Behaviors in Children

༶

Contact

Dr. Minakshi Bansal
Social Activist
Ahmedabad, Gujarat, Bharat
dhanyamfoundation@gmail.com

|| LOKAHA SAMASTHAHA SUKHINO BHAVANTU ||

www.ingramcontent.com/pod-product-compliance
Lightning Source LLC
Chambersburg PA
CBHW021358150726
47989CB00005B/2300